Ernest Bozzano

Les Enigmes de la Psychométrie
Les phénomènes de thélesthésie

Les Enigmes de la Psychométrie

Les énigmes de la psychométrie sont aussi les énigmes de la clairvoyance, puisque la psychométrie ne constitue qu'une des nombreuses formes sous lesquelles la clairvoyance se manifeste. Il est donc naturel que, parlant de l'une dans cet ouvrage, je sois entraîné à traiter de l'autre. De toute façon, pour ne pas donner trop d'ampleur à mon sujet, je me bornerai à traiter exclusivement le thème de la psychométrie, qui contient les principales énigmes à résoudre. Ses modalités propres lui confèrent un caractère spécial qui permet de l'envisager à part.

Les modalités suivant lesquelles s'établit le « rapport » entre le sensitif et la personne, ou le milieu, concernant l'objet psychométré, distinguent, en effet, la psychométrie des autres genres de clairvoyance. Dans le somnambulisme provoqué, c'est l'opérateur lui-même qui établit la relation entre le sensitif et la personne ou le milieu recherché. L'opérateur étant absent, c'est le consultant, qui, par sa présence sert à établir le rapport entre le sensitif et le consultant lui-même, ou la personne et le milieu lointains. Dans la clairvoyance par les moyens de la « chiromancie », de la « cartomancie », de la « vision dans le cristal », les divers objets ou procédés employés peuvent être considérés comme de simples « stimulants », propres à susciter l'état psychologique favorable au dégagement des facultés subconscientes. Mais, tout au contraire, dans la « psychométrie », il semble bien que les objets présentés au sensitif, loin d'agir comme de simples « stimulants », constituent des intermédiaires vrais et propres qui, à défaut de conditions expérimentales favorables, servent à établir le rapport entre le sensitif et la personne ou le milieu lointain, à la faveur d'une « influence » réelle, laissée déposée sur l'objet par la personne qui en était le possesseur. Cette « influence », selon l'hypothèse psychométrique, consisterait en ceci, que la matière inanimée aurait la propriété de recevoir et de garder potentiellement toutes sortes de vibrations et d'émanations physiques, psychiques et vitales, de même que la substance cérébrale a la propriété de recevoir et de conserver à l'état latent les vibrations de la pensée. Après les récentes expériences décisives de M. Edmond Duchâtel et du docteur Osty dans le domaine de la psychométrie, il n'est plus possible de mettre en doute l'existence de cette « influence personnelle absorbée par les choses, et perçue par les sensitifs ». Ce qu'on ne sait pas encore, c'est si l'influence en question contient virtuellement l'histoire de la personne qui fut propriétaire de l'objet, histoire susceptible d'être évoquée psychométriquement par le sensitif, dans ses moindres détails, ainsi que d'aucuns l'affirment. Par contre, tout concourt à montrer que, pour ce qui a trait aux influences d'êtres vivants, cette extension des pouvoirs de la psychométrie est en grande partie imaginaire. L'influence personnelle enregistrée par les objets, n'exerce, en réalité, d'autre rôle que celui d'établir le rapport avec la personne ou le milieu lointain qu'il s'agit de psychométrer. Cette influence met le psychomètre sur une piste et lui permet de la suivre. Il en découlerait que les descriptions et révélations véridiques qu'on obtient, grâce au rapport psychométrique, loin d'être directement extraites de l' « influence » contenue dans l'objet psychométré, seraient acquises par le moyen de facultés de clairvoyance et de télépathie appartenant au sensitif, lesquelles facultés s'orienteraient par l'entremise de l' « influence » perdurant dans l'objet.

Je m'empresse, toutefois, d'ajouter que cette limitation des pouvoirs de la psychométrie, (dont je viens de m'occuper uniquement au point de vue des « influences » de nature humaine enregistrées par les objets), n'éliminerait pas l'hypothèse des professeurs Buchanan et Denton, et selon laquelle l'objet serait lui-même capable de révéler son histoire dans tous ses détails ; elle tend, plutôt, à en limiter la portée, et à en modifier la signification. Les informations obtenues, grâce à l'analyse psychométrique, constitueraient, en tout cas, une question de « rapports » établis par un « moyen » qui ne serait pas matériel proprement dit, ainsi que nous le prouverons postérieurement.

Ici réside le plus important problème de la phénoménologie psychométrique. Le fait de pénétrer les secrets biographiques de la matière inanimée resterait bien mystérieux, même s'il se réalisait par le secours des rapports avec un « moyen » qui ne soit pas précisément de la matière.

Autour de cette énigme majeure, d'autres énigmes s'élèvent ; et elles ne sont pas moins troublantes. Effectivement, tout semble démontrer que les sensitifs entrent parfois en rapport avec le monde animal et végétal, en s'identifiant à tel point avec l' « influence » contenue dans l'objet psychométré, qu'ils semblent s'approprier, ou les sensations, les sentiments, les vibrations et les sensations rudimentaires des organismes, ou de la substance étudiée. Ainsi, de même que l' « influence » laissée sur les objets par une personne vivante a la vertu de mettre le sensitif en rapport avec la subconscience de celle-ci, de même l'influence laissée sur les objets par une personne décédée aurait le pouvoir de mettre le sensitif en relation avec l'esprit de ce décédé. Cette dernière supposition paraîtra bien moins inconcevable que celles énoncées jusqu'ici, puisqu'elle est une prémisse mineure, conséquence logique de la prémisse majeure.

D'autres modalités, non moins énigmatiques, se présentent dans la phénoménologie psychométrique ; nous les discuterons lorsqu'elles jailliront des faits.

Avant d'aborder au vif notre sujet, il est utile que nous consacrions quelques paragraphes à établir le bien fondé de l'assertion que je viens à l'instant de formuler et suivant laquelle il est prouvé que les objets présentés au sensitif n'agissent pas uniquement à la façon de simples stimulants, mais contiennent, de fait, une « influence » personnelle humaine, capable de mettre en rapport le sensitif avec la personne qui fut propriétaire de l'objet.

Dans ce but, je ferai remarquer que l'objet présenté au sensitif ne sert pratiquement à évoquer l'histoire d'une personnalité humaine, que s'il a été touché et employé par celle-ci ; dans le cas contraire, il ne provoquerait chez le sensitif aucune association de nature humaine ; il pourrait, par contre, en provoquer d'autres concernant l'histoire de l'objet en tant que matière. Il en résulte que cette différence d'associations ne pourrait pas se réaliser, s'il n'y avait pas, en réalité, une imprégnation fluidique humaine des objets.

Lorsqu'un objet a été employé par différentes personnes, il met le sensitif à même d'exercer, successivement, son « influence » sur chacun de ces individus, y compris le milieu dans lequel ils ont vécu ; mais il ne provoque, chez le sensitif, aucune évocation de personnes absolument étrangères à l'objet, indice probant que les fluides humains absorbés par la matière inanimée sont réellement les agents évocateurs des impressions psychométriques.

Quand l'objet a successivement appartenu à diverses personnes, on note quelquefois des erreurs d'orientation fort instructives. Par exemple, dans un cas cité par M. Duchâtel, le consultant présente une lettre au sensitif, en se proposant d'obtenir des renseignements sur l'envoyeur ; il obtient, au contraire, des informations abondantes et précises sur le destinataire. Ceci peut être probablement attribué au fait que, par une loi d' « affinité élective », le « fluide » du destinataire s'est montré plus actif, plus en rapport avec le sensitif par le fluide de l'envoyeur. Il s'ensuit que, pour expliquer les faits, on est amené dans tous les cas, à admettre l'existence d'un « fluide personnel humain » s'attachant aux objets ; cette conclusion est corroborée par tant de circonstances, toutes convergentes vers la même conclusion, qu'on peut la considérer comme définitivement acquise pour la science.

Je ne pense pas qu'il soit nécessaire d'étayer de longs arguments l'autre affirmation relative à la réelle fonction des « influences humaines » contenues dans les objets : c'est-à-dire d'établir le rapport entre le sensitif et la personne propriétaire de l'objet. Cette conclusion incontestable ressort des faits, car, dans le cas contraire, le sensitif devrait exclusivement tirer de l'objet des renseignements concernant la période durant laquelle le consultant est resté en possession de l'objet. Tout différemment, le sensitif révèle souvent des incidents qui se sont produits longtemps avant, ou après que le consultant employât l'objet étudié, il déborde quelquefois même le passé et le présent pour s'aventurer dans l'avenir : Et il y a là une preuve indiscutable qu'en ces circonstances, le sensitif exerce ses facultés clairvoyantes en puisant dans la subconscience de l'individu présent ou absent avec lequel il se trouve en rapport psychométrique, et non pas directement, dans l'objet psychométré.

Tout ce qui vient d'être dit se réfère aux cas d'influences humaines enregistrées par les objets. Les mêmes conclusions semblent, jusqu'à un certain point, aussi légitimes dans les cas d'objets liés à des influences animales, mais elles sont moins admissibles quand il s'agit d'organismes végétaux dépourvus d'une subconscience pouvant être explorée. Il ne semble point, par ailleurs, qu'on puisse conclure de même au sujet d'objets étrangers à toute influence humaine, animale ou végétale et qui cependant révéleraient au sensitif des passages plus ou moins génériques de leur histoire géologique, paléozoïque et archéologique. Eu effet, dans ces cas, on ne peut guère écarter l'interrogation : Où le sensitif pourrait-il puiser ses informations, s'il ne les tire pas de l'objet même, ou d'un milieu transcendantal en rapport avec celui-ci ? Le problème reste très mystérieux, et la solution en est douteuse, ainsi que nous le noterons le moment venu.

Maintenant, pour éclairer mon sujet, je dois produire des exemples en prévenant le lecteur qu'il ne m'est pas possible de les classifier, car trop souvent, les incidents contenus dans un cas particulier appartiennent à différentes catégories de faits. Force nous est donc de nous résigner à les disposer de la meilleure manière possible, en négligeant les méthodes normales de classification scientifique.

Parmi les exemples dignes d'intérêt, on remarquera plus spécialement ceux obtenus par l'entremise de Miss Edith Hawthorne, morte il y a déjà plusieurs années, à l'âge de 39 ans. Créature grêle et maladive, son état de santé ne l'empêchait nullement de se prodiguer dans les œuvres charitables et philanthropiques. Animée d'une compassion ardente envers les enfants abandonnés, elle avait fondé un institut (The Tiny Tim Guild), destiné aux soins des petits paralysés et rachitiques, auquel, dans les dernières années de son existence, elle consacrait tout son temps. Voici comment un témoin parle de son admirable esprit de sacrifice :

Sa génialité dans l'intuition des soins à donner pour rendre la vie à un larynx ou à une langue paralysée était étonnante, elle employait une patience sans limites pour mener à bien un traitement, appliqué si doucement, qu'il n'était plus qu'une distraction et une joie pour le jeune malade. Miss Hawthorne était fermement convaincue que des influences du monde spirituel l'assistaient dans sa tâche. Elle pensait que les systèmes ingénieux qu'elle imaginait, et dans lesquels chaque instrument s'adaptait expressément à chaque petit patient, lui étaient suggérés par les « Invisibles ».

La prétention ne paraît pas si invraisemblable si l'on songe aux remarquables facultés médiumniques qui s'étaient manifestées en elle à cette période de sa vie.

En ses expériences psychométriques, Miss Hawthorne fit preuve d'une capacité de recherche réellement scientifique. Dans le but d'éliminer toute possibilité de suggestion involontaire ou de lecture de pensée, elle se faisait envoyer de pays lointains des objets inconnus destinés à être psychométrés, et elle enregistrait immédiatement ce que lui suggérait chaque objet, en transmettant ensuite son texte à l'envoyeur, afin que celui-ci consignât ses observations en regard du document psychométrique.

Ces quelques notices biographiques permettront de faire mieux apprécier l'importance scientifique de la série d'expériences qui fut faite par l'entremise de ce sujet sensitif et que publia en partie, la revue anglaise Light de 1903 à 1904.

Ier Cas

Extrait du Light, 1903, page 214. Miss Edith Hawthorne écrit :

L'expérience suivante a été faite avec M. Samuel Jones (16, Askew Bridge-road, Dudley, Worcestershires), avec lequel j'entretiens une correspondance assez suivie. Je l'ai choisi par se que tout mon entourage sait que nous ne nous sommes jamais vu et que je n'ai jamais été dans le comté où il demeure.

J'ai donc prié M. Jones de m'envoyer différents échantillons d'une substance quelconque, au sujet desquels je devais tout ignorer, hormis le numéro d'ordre nécessaire pour les distinguer l'un de l'autre. A leur réception, je devais prendre note des impressions éprouvées pour chacun d'eux, en les tenant successivement dans mes mains, et expédier ensuite les impressions écrites à M. Jones, qui apposerait, en regard, ses commentaires touchant l'authenticité de mes notes psychométriques.

Dans le Rapport qui suit, les observations de M. Jones sont enregistrées entre parenthèses.

Histoire du spécimen n° 5 :

Posant ma main sur un échantillon entouré d'une enveloppe épaisse constitué par une substance dure et résistante, je perçois immédiatement :

— Deux ou trois hommes qui observent un mur noir. L'un d'eux a une lanterne à la main ; un autre observe avec insistance et se livre à l'inspection des lieux, en se montrant très prudent avant de donner son avis.

(C'est là une fidèle description des inspecteurs qui descendent, le matin, dans les puits de la mine, avec une lampe de sûreté, afin de constater si tout est bien en ordre, avant l'arrivée des mineurs. S. Jones).

— Je sens que cet échantillon est constitué par du charbon. Rien de schisteux en lui : c'est un très beau morceau de houille.

(Parfaitement : c'est de la houille « Heathen ». — S. Jones),

— Il a été extrait d'une profondeur importante.

(De la couche la plus profonde de la mine. — S. Jones).

— Les hommes qui travaillent dans cette sorte de tunnel se trouvent très en contrebas du point d'où me parvient un bruit de roues et de wagons en mouvement.

(A la surface du sol, un chemin de fer à voie étroite passe très près du point d'où a été extrait l'échantillon. Le tunnel noir est une branche de la mine. — S Jones).

— Je vois des groupes d'hommes qui travaillent, en s'ouvrant le chemin à travers le mur noir. Quelques-uns d'entre eux travaillent debout, d'autres sont accroupis, mais tous prennent des attitudes malaisées et forcées.

(Les mineurs travaillent, en effet, par groupes isolés. Le restant de l'alinéa est une bonne description du pénible travail de la mine. — S. Jones).

— Maintenant, mon regard s'arrête sur un homme qui travaille tout seul dans une galerie si basse et si étroite qu'il doit se tenir couché. Un sentiment d'anxiété et de tristesse me saisit en le regardant ; je prie et je souhaite qu'on n'ait pas à déplorer un éboulement qui l'écrase.

(Non ! des malheurs ne se sont pas produits dans ce puits depuis longtemps. — S. Jones).

— Chose étrange ! Ses pensées ne s'attachent pas à son travail. Il songe à sa femme et à son petit entant. Maintenant, j'aperçois un cimetière de village où les humbles reposent en grand nombre, et je vois les inscriptions naïves placées sur leurs tombes.

(Il n'y a pas de cimetière ou d'église aux alentours. Le cimetière le plus rapproché est à un mille de distance. — S. Jones).

— En regardant ce malheureux, j'ai l'idée que de nombreux accidents, ignorés par le monde, se sont produits dans cette mine.

(Non : c'est une mine relativement récente ; aucun sinistre ayant fait des victimes humaines ne s'y est produit. — S. Jones).

— Je vois devant moi une muraille noire, impénétrable et inexplorée ; je perçois de l'eau à peu de distance. J'en éprouve des vibrations si fortes et si vives, que je suis amenée à poursuivre le chemin. Je le vois s'ouvrir devant moi et il doit me conduire à droite. Je me sens troublée : il faut boucher ou dévier cette source si l'on ne veut pas voir les ouvriers se noyer comme des rats dans leurs trous.

(Très exact ! très vrai ! Il y a beaucoup d'eau dans la mine, et précisément dans la direction indiquée. Il y en a au point qu'une galerie creusée à droite a dû être abandonnée avant de parvenir au filon du charbon. La pression de l'eau gênait les travaux d'approche. Maintenant le danger a presque disparu, et les mineurs estimeraient que la mine est presque sèche, si l'eau n'existait toujours dans le sous-sol. — S. Jones).

— Maintenant je ne saurais définir nettement les impressions que j'éprouve : elles sont tristes et contradictoires ! Je me sens anxieuse et préoccupée au sujet d'une région inexplorée de ces contrées noires. Je suis émue par la pensée d'un danger indéfinissable et menaçant. Je souffre de la tête, je me sens étouffer, je suis prise par des vertiges ; il y a quelque péril à craindre outre les sources d'eau. J'étouffe de plus en plus. Les poumons se gonflent péniblement contre les côtes ; la bouche, le nez, les yeux, les oreilles sont saturés d'une sorte de gaz lourd et malpropre. Ma tête éclate !

(Excellente description des effets produits par la saturation humide ; effets plutôt accentués dans la mine. — S. Jones).

— Oh ! quelle vision horrible ! J'aperçois l'homme dont j'ai donné tout à l'heure la description, râlant sur le sol, livide, perdant du sang par la bouche, le nez, et les oreilles !

(Eurêka ! Quelle révélation ! Je me rappelle tout à coup qu'il y a vingt ans, un homme est resté mortellement blessé dans la galerie en question, pendant qu'il s'efforçait d'atteindre le filon de houille sans y réussir, par suite de l'irruption de l'eau. Cet homme est mort quatre semaines après le malheur ; sa femme l'avait rendu père quelques heures avant son décès. Or, ce bébé — maintenant un jeune homme de vingt ans — est celui-là même qui a apporté l'échantillon que vous avez psychométré. Serait-ce là la raison de votre impression de tristesse ? — S. Jones).

A présent je descends beaucoup plus bas que cette couche de houille. Ma pensée se reporte à des centaines et des centaines de siècles avant la venue du Christ. Je contemple maintenant une forêt dont les arbres colossaux ont un feuillage si épais, que je ne parviens pas à entrevoir le ciel. J'aperçois des ours gigantesques gris-noirs, vivant dans les cavernes. Je vois un énorme animal, droit sur un rocher, près d'une source qui jaillit impétueusement d'en bas, en prenant la forme d'une nappe d'eau. Je rattache vaguement cette source à celle existant actuellement dans la mine et qui a provoqué en moi un tel malaise.

(Très vrai ! On m'informe que l'eau qui inondait notre mine jaillissait d'en bas ! Que d'excellentes observations véridiques dans votre essai psychométrique ! —

S. Jones).

M. Jones ajoute la note suivante concernant le spécimen de charbon psychométré. Le spécimen était un morceau de houille appelé techniquement « Heathen coal » ; terme qui se rapporte à la couche spéciale de charbon d'où il a été extrait. Il y a dans la mine plusieurs couches ou filons, séparés l'un de l'autre par des sédiments d'autre nature ; le charbon dit « Heathen » constitue la couche la plus basse de la mine. Ce spécimen m'a été remis par un mineur, qui doit l'avoir porté dans sa poche ou dans sa main ; je ne puis rien affirmer à ce sujet. — S. Jones).

Dans ce premier cas, les énigmes à résoudre s'enchevêtrent de façon inextricable ; il est donc préférable de poursuivre l'exposition des faits plus simples pour tenter de démêler l'écheveau.

En attendant, remarquons ce fait : de toutes les hypothèses qui nous occupent, aucune ne paraît moins indiquée pour expliquer les faits, que celle selon laquelle un objet révélerait son histoire. On ne peut théoriquement pas admettre qu'un morceau de charbon enfoui dans les profondeurs de la mine, à des centaines de mètres de l'endroit où un ouvrier a été blessé à mort vingt ans auparavant, ait pu recevoir les vibrations de sa pensée, de manière à révéler le drame à la clairvoyante. En présence de cet incident, la solution la plus vraisemblable serait de supposer que l'échantillon recueilli et porté par le fils de la victime est resté saturé de l'influence vitale du jeune homme ; la sensitive, en décelant le rapport entre l'échantillon et le jeune homme, aurait puisé la connaissance de l'accident dans la subconscience de celui-ci. Je reconnais toutefois que cette dernière supposition est plutôt audacieuse ; et comme le fils entre, indubitablement, de quelque manière, dans la révélation psychométrique, il serait aisé de l'éliminer en supposant que, par l'entremise du fils, un rapport télépathique a été établi entre la sensitive et le père décédé. J'articule cette hypothèse parce que dans le compte rendu, on remarque un incident qui ne pouvait pas figurer dans la subconscience du fils ; savoir, cette observation de la sensitive que « les pensées de cet homme ne suivaient pas son travail, mais allaient à sa femme et à son petit enfant », observation qui pouvait fort bien se rapporter à un trait caractéristique du père défunt et constituer un de ses souvenirs, mais que le fils était hors d'état de connaître. On peut ajouter que la sensitive a dénoncé une source d'eau dangereuse, qu'il fallait aveugler ou dévier au plus tôt opération qui avait déjà été exécutée, mais qui ne l'était pas encore quand le défunt y travaillait. C'est même cette circonstance qui a été cause de l'accident mortel dont il fut victime ; constatation qui ferait arguer, cette fois encore, qu'il s'agissait d'une réminiscence du décédé, transmise télépathiquement à la sensitive. Pour ce qui concerne la description véridique de la mine, « l'hypothèse moins large » consisterait à supposer qu' un rapport télépathique s'est établi entre la sensitive et la subconscience de l'envoyeur, M. Jones, employé dans la mine en question.

Resterait à résoudre le problème qui s'est présenté à la sensitive, de la vision préhistorique d'une forêt paléozoïque, peuplée par les ours des cavernes et relié au passé de la mine. Pour ce cas spécial, on pourrait encore penser que la sensitive a puisé une image pictographique dans les réminiscences subconscientes de lectures scientifiques faites par M. Jones. Hypothèse audacieuse, mais que nous accueillerons pour le moment, en attendant de considérer d'autres épisodes du même genre, théoriquement plus nets, en sorte d'exclure l'hypothèse arbitraire d'une subconscience à latitudes infinies, dernier refuge du misonéisme scientifique.

IIe Cas

Il se trouve aussi dans le Light (1903, page 273) une suite des expériences sur échantillons envoyés par M. Samuel Jones à Miss Edith Hawthorne. Ici l'exposé est précédé par les précisions suivantes :

Divers enquêteurs ayant manifesté le désir de connaître la distance existant entre l'envoyeur et la destinataire, je répète que M. Samuel Jones demeure à Dudley, Worcestershire ; 6, Askew Bridge, Gornal Wood et que la destinataire expérimentait dans son bureau à Londres 3, Upperstreet Islington, Ici comme pour le premier cas, je ferai figurer entre parenthèses les observations de M. Jones.

Echantillon n° 11.

C'est étrange ! Avec ce spécimen, je suis envahie par une forte impression d'antiquité ; pourtant je sens bien qu'il s'agit de terre prise à la surface du sol, très près d'un gros mur gris, construit en pierre.

(Très juste. Terre enlevée à la base d'un gros mur gris qui délimite une cour très ancienne. — S. Jones).

— Je gravis une colline très escarpée et me dirige vers les ruines d'un ancien château. Du haut d'une tour ou d'une muraille crénelée, j'observe une ville. J'aperçois au milieu des ruines du château quelques archéologues qui mesurent et palpent gravement les vieux murs. J'entends les conversations et les rires des excursionnistes, les cris des enfants qui jouent au cricket et le babillage des bébés. Je vois les soldats de Cromwell qui se lancent à l'assaut de ces hauteurs. A présent, j'apprends le nom de cet endroit : c'est le château de Dudley.

(Très exact. Cromwell et ses soldats ont pris part à la destruction du château de Dudley, dont les restes se trouvent sur le sommet d'une colline. Le site est très fréquenté par les excursionnistes ; par une gracieuse concession du comte de Dudley, il est réservé, toute l'année, comme lieu de récréation pour les enfants des environs. — S. Jones).

— A présent j'abandonne les alentours du château et je traverse une petite ville, en observant les boutiques. Je perçois une odeur agréable de pain frais, qui excite l'appétit, et je vois des gâteaux et des tartes dans la vitrine d'un pâtissier.

(La personne qui m'a apporté l'échantillon est passée à côté d'une voiture de boulanger chargée de pain frais, encore chaud ; tout près de là se trouvaient les boutiques d'un boulanger et d'un pâtissier. — S. Jones).

— Je distingue aussi un bureau de poste.

(La personne dont il s'agit est passée aussi devant un bureau de poste. Cet échantillon a été cueilli avec une cuillère et placé directement dans la boîte ; il n'a donc été en contact avec qui que ce soit. Je ne parviens pas à comprendre comment il a pu être influencé par des scènes observées par la personne qui le portait. — S. Jones).

M. Jones a raison de s'étonner du dernier épisode relaté, qui reste curieux et mystérieux, même si l'explication pour laquelle il incline n'était pas celle qui convient. Il est, en effet, très vraisemblable que l'objet n'a pas été influencé par les scènes vues par l'individu qui le portait ; mais il a été saturé de son fluide vital — condition qui a mis la sensitive en état d'entrer en rapport télépathique avec la subconscience du porteur, comme de connaître ses sensations à la vue du pain frais, et d'en éprouver l'odeur, « aiguisant l'appétit ».

Les différentes visions qui se sont présentées à la sensitive, au milieu des ruines du château de Dudley ne sont probablement pas autre chose, à leur tour, qu'une succession d'images pictographiques, puisées télépathiquement dans la subconscience de M. Jones.

Dans l'analyse de l'échantillon n° 10, que je ne rapporte pas pour ne pas allonger démesurément cet exposé, il est question d'une poignée de terre recueillie dans le jardin de M. Jones. La sensitive constate aussitôt qu'il s'agit de terre prélevée à la surface du sol ; elle révèle que dans le sous-sol se trouve une mine de houille, et ajoute :

— A la distance de deux ou trois cents mètres du point où la terre a été cueillie, existent des maisons qui sont en grave danger de s'écrouler du fait de travaux souterrains qui ont été exécutés par les mineurs.

L'écroulement eut lieu quelques jours après. Il est clair que la sensitive ne pouvait pas tirer cette sorte d'informations du spécimen de verre qu'elle pressait entre ses mains, alors qu'elle pouvait les emprunter d'une façon quelconque, à la subconscience de M. Jones, qui n'ignorait pas la situation dangereuse de ce groupe de maisons.

IIIe Cas

Extrait du Light (1903, page 365) ; la suite des expériences de Miss Edith Hawthorne. Elle écrit au Directeur un Light :

Je vous transmets le compte-rendu des impressions provoquées par un objet pris au hasard parmi plusieurs autres envoyés par M, Jones ; comme dans les comptes rendus précédents, je place entre parenthèses ses observations,

— Ce petit objet dont je ne puis connaître la nature, parce qu'il est enveloppé de coton, contient des pensées de deuil et de mort ; il m'oriente vers une dame restée seule et désolée ; elle pleure la perte d'une personne à laquelle elle était étroitement liée et qui, après avoir souffert, est entrée sereinement dans cet éternel repos qu'elle avait vivement désiré.

(L'objet était une bague que portait constamment au doigt une dame invalide depuis plus de vingt-cinq ans, et qui, il y a un an, a perdu sa mère adorée. Avant de mourir, la mère était restée longtemps couchée à côté de sa fille. — S. Jones).

— Je pense avec un sentiment d'affection à une main très aimée, que je réchauffe amoureusement dans les miennes.

(C'est l'acte qu'accomplissait la dame invalide ; elle réchauffait souvent la main glacée de sa mère mourante, en la retenant dans les siennes. — S, Jones).

— Pendant que je fais ce geste, je Sens que la main que je serre a, depuis longtemps, perdu la vitalité juvénile. C'est la main d'une dame très âgée.

(Exact : la dame décédée était en effet d'un âge avancé. - (S. Jones).

— Les yeux voilés de larmes, je retire une bague, ou des bagues, de la main qui n'a plus de vie.

(C'est la main de la mère, morte aux côtés de sa fille impotente. Celle-ci retira les anneaux des doigts de la morte et les passa aux siens. La bague que je vous ai envoyée appartient à la fille, mais elle était restée longtemps en contact avec la mère. — S. Jones).

— J'adresse, en pleurant, un suprême regard à un corps adoré, qui repose dans le cercueil.

(Exact : la fille invalide voulut voir le corps de sa mère, déposé dans la bière. — S. Jones).

— Les « influences » affectueuses et le sentiment de douleur qui imprègnent cet objet me font penser qu'il s'agit d'une mère et d'une fille ; je constate que la survivante pleure encore la morte.

(Parfaitement vrai : la survivante ne parvient pas encore à se résigner. — S. Jones).

— En effet, j'entends une voix qui lui dit ? « Pourquoi te désoler ainsi, ma fille ? Je ne suis pas aussi loin de toi que tu te l'imagines ; la barrière qui nous sépare n'est ni si grande, ni si insurmontable que vous le supposez. Voudrais-tu donc, ma fille, que je revienne au monde pour recommencer les longues années de souffrance que j'ai vécues, et pour t'épuiser encore par de nouvelles veilles et de nouveaux soins ? »

(Ce message de l'Au-delà — car je le considère tel — et qui témoigne d'un si affectueux intérêt pour celle qui a séjourné en arrière, adoucira comme un baume céleste la douleur qui tourmente la survivante. — S. Jones).

— Maintenant, j'aperçois une main grêle qui tourne les pages d'une Bible très usée ; l'ambiance de la chambre traduit la douleur et la souffrance.

(Cette phrase se rapporte à la dame invalide, qui se sert d'une Bible très usée, employée autrefois par sa mère. — S. Jones).

— Pendant que la main tourne les feuillets, je remarque un signet brodé pour marquer les pages ; il est très vieux et décoloré.

(Ce signet se trouve encore dans la Bible en question. Lorsque j'ai écrit à la dame invalide pour en avoir la confirmation, elle en a coupé un morceau et me la envoyé, preuve la plus convaincante. A mon tour, je vous le transmets. — S. Jones).

— Cette Bible sert-elle toujours ? (Oui, elle sert toujours. — S. Joues).

— Parce que j'aperçois une figure désolée, de femme, qui la consulte, pendant que la forme éthérique de sa mère veille à côté d'elle.

(Cette révélation a comblé de joie sa fille, qui m'écrit que, dorénavant, elle consultera plus souvent que jamais sa Bible. — S. Jones).

— Y a-t-il des plantes de géranium dans la chambre ? Un fort parfum émanant de leurs feuilles me parvient.

(C'est bien exact : il y a dans la chambre de l'infirme une plante de géranium, déposée sur la chaise qu'occupait déjà la mère. — S. Jones).

— Je transcris les perceptions que je recueille, sans prétendre les interpréter ; et l'impression suivante me parvient, faible mais tenace. Je ne saurais dire si elle se rattache aux faits qui précèdent. Je me trouve près d'une église, et j'aperçois une figure de dame éplorée, qui s'incline sur un tombeau pour en entretenir les fleurs.

(Ces impressions se rattachent sans doute aux précédentes et concernent la sœur de l'infirme. La mère est enterrée près d'une église, et la sœur de l'invalide se rend souvent sur la tombe pour en soigner les fleurs. — S. Jones).

— A côté de la figure désolée qui s'incline sur le tombeau, j'aperçois deux formes éthériqnes : l'une est celle de sa mère ; quant à l'autre je ne parviens pas à la distinguer nettement. Il me semble comprendre que la mère est préoccupée pour cette fille qui pleure sur son tombeau ; elle désire anxieusement qu'un changement s'opère dans sa vie, car elle souffre vraiment trop.

(Il est vrai que cette deuxième fille a un besoin urgent de distraction. — S. Jones).

— L'influence de cet objet est purement féminine.

(Ceci aussi est très vrai ; ses associations sont purement féminines. — S. Jones).

M. Jones envoie une copie, d'une lettre à lui adressée par la dame impotente et qui écrit :

«... Maintenant, parlons de l'expérience psychométrique. Je ne puis exprimer l'émotion dont j'ai été saisie en lisant ces révélations, toutes scrupuleusement vraies. Elles m'apportent une sorte de joie nouvelle et inattendue qui m'encourage plus qu'une année de sermons. Si ma mère adorée était encore au nombre des humains, elle emploierait des paroles d'encouragement semblables à celles qui ont été prononcées par l'entremise de votre amie. En effet, elles sont l'expression même de son langage et de ses sentiments. Elle m'informe qu'elle est heureuse et qu'elle ne désire point retourner sur la terre ; à mon tour, je ne voudrais pas l'y voir revenir, Quant à l'incident si vif et spontané de la Bible, j'ai été saisie par un frisson en l'apprenant. Lorsque votre amie connaîtra la consolation suprême que m'ont apportée ses révélations, je ne doute pas qu'elle en sera heureuse ; surtout quand elle recevra le morceau de ruban découpé dans le signet. Pourquoi donc refuser de croire que les défunts que nous avons aimés se trouvent parfois près de nous ? Je vous dois une immense gratitude pour avoir envoyé ma bague à votre amie, et je vous prie de lui transmettre mes plus vifs remerciements et les sentiments de ma profonde reconnaissance ; en effet, grâce à elle, je me suis résignée à la volonté de Dieu ».

Ce cas est admirable à cause de la véracité irréprochable de toutes les impressions éprouvées par la sensitive ; pour peu qu'on y songe, quel prodige ! Et le prodige subsiste intégralement, même devant l'hypothèse selon laquelle les sensitifs ne puisent rien des objets en dehors de l'influence personnelle indispensable pour établir le rapport télépathique avec le vivant ou le défunt, possesseur de l'objet psychométré, ou encore pour établir le rapport télesthésique avec l'ambiance d'où provient l'objet, ou pour l'établir par un moyen mystérieux quelconque, correspondant aux « Clichés astraux » des occultistes, ou aux « empreintes dans l'akasa » des théosophes ; ces dernières ne sont que des hypothèses purement métaphysiques, qu'il n'est pas possible d'éliminer, en considération de quelques épisodes obscurs dont nous parlerons plus loin.

Dans le cas que nous venons d'exposer, la présomption en faveur d'un rapport télépathique qui se serait établi entre la sensitive et la mère décédée de la dame invalide, si elle ne paraît pas définitive, peut être considérée comme fondée.

Par contre, dans ce même exemple, la présomption en faveur de l'hypothèse que la sensitive a tiré directement, de l'objet, les données révélées, ne tient pas devant l'analyse des faits. Par exemple, lorsque le sujet aperçoit la sœur de la dame infirme se courber en pleurant sur un tombeau pour en soigner les fleurs, on conçoit aisément que la vision de cet acte ne pouvait être enregistrée dans la bague appartenant à la sœur invalide, et qu'elle portait toujours au doigt ; alors qu'elle pouvait être puisée dans la mémoire subconsciente de cette dame, ou même avoir été transmise télépathiquement par l'esprit de la mère décédée, esprit que certains épisodes autorisent à croire présent dans l'expérience.

IVᵉ Cas

Avec cet autre cas qui figure dans la suite des comptes rendus de Miss Edith Hawthorne (Light, 1904, page 197), on aborde une nouvelle catégorie d'expériences, plus mystérieuses encore, puisque l'objet psychométré met la sensitive en rapport avec la mentalité animale.

Parmi les spécimens envoyés par M. Jones à Miss Edith Hawthorne se trouvait une plume, tirée d'aile d'un pigeon voyageur, au moment où il revenait au pigeonnier après avoir effectué un long vol.

La sensitive perçoit aussitôt :

— Cette plume est restée enfermée dans un endroit très étroit : c'était un panier. Le petit organisme de son propriétaire est un faisceau de nerfs, dont les vibrations le font paraître tremblant ; mais en réalité il ne tremble pas de peur ; et quoiqu'il se trouve enfermé dans un panier, il semble comprendre qu'il ne tardera pas à être délivré de sa prison. Il voyage en chemin de fer, car je sens le bruit et les vibrations du train.

(M. Jones écrit : « Il s'agit d'une plume coupée à l'aile d'un pigeon voyageur, qui, pour servir à ces expériences psychométriques, a été enfermé dans un panier et expédié par chemin de fer à Fernhill Heath (Worcester). Pour rentrer à Gornal Wood, le pigeon devait parcourir vingt milles en ligne droite ; il revint dans le laps de temps prévu. La plume a été enlevée de l'aile aussitôt après son arrivée) ».

— Il est délivré de son petit cachot et maintenant il vole haut, en décrivant des cercles innombrables. Tous ses sentiments se concentrent sur ses ailes, lesquelles sont actionnées par de grands nerfs propulseurs, tous dirigés par son petit cerveau. — L'animal s'élève tant, qu'il paraît se diriger vers le soleil.

(C'est bien là un trait caractéristique de ce pigeon, qui se distingue des autres par la hauteur de ses vols. — S. Jones)

— Il vole toujours plus haut, ne sachant pas encore où il se trouve : tout est nouveau autour de lui.

(En effet, c'était une localité absolument nouvelle pour le pigeon, qui n'avait jamais été lancé dans cette région. — S. Jones).

— Dans sa trépidation nerveuse, il s'élève toujours davantage, jusqu'à entrer tout à coup en contact avec une force subtile, ou courant magnétique, qui le met en rapport avec son pigeonnier. (Et à ce moment l'expérimentatrice perçoit, avec la mentalité de l'animal, un milieu des plus minuscules : l'intérieur de son pigeonnier, où se trouvent une poignée de pois et un bol d'eau. Et elle sent que cette image pictographique de la maisonnette lointaine s'est constituée au pigeon à ce moment même). Il perçoit le courant magnétique ; mais tant qu'il ne se sent pas sûr d'avoir pris contact avec ces vibrations subtiles, il paraît souffrir comme d'une anxiété nerveuse. Mais dès que le rapport s'est produit, toute anxiété disparaît ; il reprend entièrement confiance, exécute quelques évolutions et s'élance à tire d'aile vers son pigeonnier.

Il ne semble pas se préoccuper de relever des points de repère dans le paysage, au-dessous de lui ; plutôt, il tâche de se maintenir dans la zone parcourue par le courant magnétique. Néanmoins, quand il survole une ville, la directive du voyage devient alors plus difficile, parce que les vibrations magnétiques se confondent avec les vibrations phoniques qui s'élèvent de la ville ; il s'ensuit que, ne pouvant se fier entièrement au magnétisme terrestre, il cherche des points de repère, tels que les aiguilles des clochers, les girouettes, les cheminées des fabriques, dont il a une vision très nette (comme la plus belle des négatives photographiques) ; ce qui démontre quel splendide objectif naturel est constitué par les yeux des oiseaux.

Maintenant il traverse un nuage dense, qui n'est pas de fumée, et instinctivement, il presse son vol, parce que le froid et l'air raréfié rendent sa respiration plus malaisée.

(Exact : le temps était mauvais ce matin-là ; par intervalles, passaient dans le ciel d'épais nuages qui allaient dans la direction du vol du pigeon. — S. Jones).

— Comme il approche de sa demeure, le pigeon redevient incertain parce qu'il entend des sifflements résonner dans toutes les directions, et ne parvient pas à différencier le sifflet de son pigeonnier de celui des « appeleurs » qui voudraient le capturer. Il semble en outre très prudent et craintif, à cause de certains enfants qui le guettent pour s'en saisir. Il doit certainement avoir déjà été capturé, sans quoi on ne s'expliquerait pas cette crainte excessive d'être emprisonné dans quelque maisonnette qui ne soit pas la sienne.

(Exact : le pigeon a été capturé une fois par un « appeleur » et gardé prisonnier durant plusieurs semaines. Ici les « appeleurs » sont légion, et le district est peuplé par des éleveurs qui s'ingénient à capturer les pigeons les uns des autres. — S. Jones)

— Y a-t-il pas aux alentours du pigeonnier, deux chats, dont l'un à poil strié, l'autre avec des taches blanches-noires sur le museau blanc ? Tous les deux causent beaucoup d'anxiété au pauvre pigeon.

(Détail authentique : il y a un chat à stries grises et un autre blanc-noir, qui vivent de proie autour du pigeonnier ; ils ne constituent pas uniquement une cause d'anxiété pour les « pauvres pigeons », mais aussi pour les propriétaires de ces oiseaux. — S. Jones).

Dans le cas que nous venons d'exposer, notons d'abord la révélation si intéressante d'une zone parcourue par un courant magnétique terrestre, avec laquelle entreraient en rapport les pigeons voyageurs pour s'orienter et retrouver le chemin du retour ; rapport qui, aussitôt établi, ferait surgir, devant leur vision subjective, des images pictographiques représentant la demeure lointaine et indiquant aux pigeons l'orientation à suivre pour y parvenir. Un phénomène identique se produit pour les sensitifs psychomètres qui, en maniant un objet saturé du « fluide personnel » d'un individu absent, entrent en rapport avec ce dernier et voient se former devant leur vision subjective, toute une série d'images pictographiques, avec lesquelles ils s'orientent dans la recherche de l'individu en question, ou se renseignent à son propos.

L'observation de la sensitive, sur le courant du magnétisme terrestre qui se troublait en passant au-dessus d'une ville, et contraignait le pigeon voyageur à s'orienter par des points de repère, corrobore ses affirmations au sujet de l'existence du courant magnétique ; c'est, en effet, ce qui devrait se produire chaque fois qu'un courant de cette nature traverse une zone de vibrations hétérogènes perturbatrices, telles que celles se dégageant d'une ville industrielle. Je remarquerai aussi que sous l'imminence d'un orage, il devrait infailliblement se déterminer une perturbation analogue dans le courant magnétique, par suite de la saturation électrique de l'atmosphère. Or, comme on a observé déjà qu'un grand nombre de pigeons voyageurs s'égarent en de pareilles circonstances, toutes ces données ne font qu'étayer l'affirmation de la sensitive, selon laquelle les pigeons voyageurs s'orientent à l'aide d'un courant magnétique.

Si ce fait pouvait être scientifiquement constaté, on pourrait alors expliquer, par la même loi, les migrations des oiseaux, et aussi ce merveilleux instinct du canard charadriidé, qui, ignorant tout de l'étendue, s'en va, d'un vol droit et sûr, des régions sud-africaines jusqu'aux steppes de la Sibérie, pour y tresser son nid. Autant dire que, comme le pigeon voyageur, ce canard entrerait en contact avec un courant de magnétisme terrestre, et verrait, de ce fait, surgir, devant sa vision subjective, une image pictographique de la région qui l'attend, image qui servirait à l'orienter dans la direction à suivre. Solution merveilleuse de l'un des principaux mystères de l'instinct animal ; et en même temps, solution relativement concevable, et surtout acceptable à cause de l'analogie qu'elle présente avec le phénomène incontestablement authentique du rapport psychométrique à distance, qui provoque, lui aussi, des visions pictographiques, informant le sensitif sur l'ambiance et les personnes absentes.

Il en résulterait que l'instinct migratoire des oiseaux pourrait être provoqué par un courant nerveux propre à ces oiseaux mêmes, courant qui, en certaines saisons, s'éveillerait en vibrant à l'unisson avec les courants du magnétisme terrestre, tout comme « l'instinct du psychomètre » est suscité par un courant nerveux spécial qui s'éveille, dans de certaines circonstances, pour vibrer à l'unisson avec les « fluides vitaux » d'autres individus vivants ou défunts, ainsi que, peut-être, avec les « traces » laissées par les événements dans une ambiance transcendantale que nous appellerons avec Myers « ambiance métaéthérique ».

Maintenant, envisageant à un autre point de vue le cas qui vient d'être relaté, notons que dans la susdite analyse psychométrique, tout ce qui, par sa nature, a pu être contrôlé en confirmation des dires de la sensitive (le voyage en chemin de fer du pigeon enfermé dans un panier, son trait caractéristique de voler très haut, son égarement en se voyant transporté dans une région nouvelle, le fait qu'il avait déjà été capturé par des « appeleurs », l'état nuageux du ciel, et jusqu'à l'existence de deux chats vivant de rapines aux alentours du colombier), a été vérifié comme étant rigoureusement correct. On est donc amené logiquement à déduire que les autres impressions psychométriques, non susceptibles de contrôle, soient exactes tout autant. Et l'on se trouve confondu devant le fait mystérieux de cette sensitive qui s'identifie avec la frêle mentalité du pigeon voyageur ; jusqu'à en vivre la vie, à éprouver, elle-même, les sensations, perceptions, et sentiments émotionnels ou affectifs qui angoissaient cette personnalité minuscule durant le vol de retour à son pigeonnier.

Mais ce phénomène de l'identification complète des psychomètres avec tout ce qui constitue pour eux un objet de « rapport » ne se borne pas uniquement aux êtres vivants ou trépassés ; il s'étend aux plantes, à la matière inanimée elle-même : Et c'est là ce qui rend le mystère plus déroutant que jamais. Nous reviendrons sur ce sujet dans nos commentaires du VIIIe cas.

Ve Cas

C'est ici un épisode puisé dans la série de Miss Edith Hawtorne (Light, 1904, page 197). Cette fois, le rapport s'établit avec des êtres infimes de l'échelle animale, ainsi qu'avec l'essence intime d'une plante.

Le 25 mars 1904, M Jones envoyait de Dudley une petite branche d'arbre à Miss Edith Hawthorne ; celle-ci la recevait le lendemain soir, la psychométrait le matin suivant, dimanche 27 mars, vers 11 heures. Aussitôt qu'elle eut pris en main la petite branche, elle dit :

— « Que signifie cette agitation ? Pourquoi le sol vibre-t-il continuellement ainsi ? Les racines de cet arbre elles-mêmes en vibrent et en tremblent ; les vers de terre courent, épouvantés, le long des racines et s'efforcent de remonter à la surface du sol, par leurs galeries. Les taupes, les lombrics et les insectes perçoivent toutes ces commotions, et en sont étrangement agités. Un vague sentiment de peur les envahit tous, mais ils ne disposent ni de l'intelligence ni des moyens nécessaires pour échapper par eux-mêmes au danger indéfinissable et invisible qui les menace. Cependant, les taupes font de leur mieux pour s'éloigner, tout en étant impuissantes à éviter la destinée qui plane sur elles. L'arbre dont on a détaché cette petite branche perçoit à son tour les frémissements du terrain, mais ne ressent aucune impression consciente de véritable peur, comme il arrive pour les taupes, les vers de terra et les insectes.

(M Jones écrit à ce sujet : « Ces impressions sont très remarquables parce que, le dimanche 27 mars, vers 16 heures, une éboulement du sol s'est produit à 300 ou 400 yards de l'arbre en question, éboulement dû aux travaux souterrains des mineurs. Il est donc très probable que les petits animaux dont il s'agit aient été sensibles aux tremblements du terrain, produits par les perforations exécutées dans le sous-sol. Il s'ensuit que la sensitive est parvenue à connaître les faits et le danger, cinq heures avant que l'événement ne se réalisât et que le public le connût) ».

Cette petite branche contient un « sens » de turgescence qui atteint presque l'état extrême de la gestation, mais qui n'est pas la gestation telle que nous l'entendons. Je note aussi en elle l'impression de la sève qui parvient avec peine à s'élever par des petits, canaux imperceptibles, et je remarque dans l'arbre tout entier un « sens » de travail et de peine.

(L'arbre est en pleine sève et commence à montrer les premiers bourgeons. — S. Jones).

— L'arbre n'est pas haut, ni d'une circonférence importante. Je perçois la sensation de fruits : c'est un pommier.

(Vrai : l'arbre n'est pas haut, ni d'une circonférence importante : c'est un pommier. — S. Jones).

— Cette petite branche paraît secouée d'un frissonnement : L'arbre est entouré d'une atmosphère glaciale : une sensation de froid l'envahit. Ses racines mêmes semblent glacées et transies. Le terrain n'est pas assez chaud ni assez restaurateur ; aussi, au lieu de se prêter à pousser, toujours plus haut, les forces vitales qui montent du tronc vers les branches, il leur constitue un obstacle. Le sol est trop froid et trop, humide ; ainsi il retarde le développement de l'arbre.

(Effectivement, le sol sur lequel s'élève l'arbre ne peut pas être considéré comme favorable à son développement : il est aride, froid et humide. Les racines de l'arbre poussent tout au voisinage d'un puits dont l'eau est glacée au point de provoquer un frisson, en toute saison ; le sol sur lequel l'arbre grandit est constamment tenu par cette source dans un état de saturation. — S. Jones).

Ce cas ne revêt pas moins d'intérêt théorique que le précédent. Je remarquerai d'abord que la manière dont la sensitive débute dans l'exposé de ses impressions psychométriques est la meilleure preuve que la suggestion et l'autosuggestion n'ont rien à faire avec les impressions éprouvées par elle. En effet, une branche d'arbre ne pouvait pas suggérer, avant tout, à la sensitive, l'idée d'un sol agité par des tremblements continuels, ni des petits animaux habitant le sous-sol étaient épouvantés. Le détail étrange ayant été reconnu exact, l'événement qui en a prouvé le bien fondé ne s'étant produit que 5 heures après l'analyse psychométrique de la sensitive, on doit en conclure que celle-ci était entrée en rapport avec l'arbre dont la petite branche avait été détachée, et par l'entremise de celle-ci avec le milieu où il se trouvait, y compris les vers de terre qui l'habitaient. Cette induction est confirmée par le fait que M Jones ne pouvait pas songer aux frémissements du sol, en correspondance avec la branche envoyée à la psychomètre, et d'autant moins aux sensations éprouvées par les vers à la suite de ces vibrations inaccoutumées ; encore moins pouvait-il s'identifier avec l'essence intime d'un arbre à l'issue de son développement printanier, ni savoir que l'arbre grandissait rachitique, son développement étant gêné par une source froide qui lui glaçait ses racines.

La possibilité de rapports psychométriques à distance avec des animaux et des plantes une fois admise, il ne serait plus raisonnable de nier la possibilité de rapports psychométriques à distance avec la matière inanimée, ou, pour mieux dire, avec l'aide de la matière inanimée, de sorte que le sensitif ait à éprouver, en lui-même, les états par lesquels est passée l'a matière elle-même, tout comme il perçoit les vicissitude fonctionnelles d'une plante, ou les sensations obscures des animaux infimes.

Je dis : « rapports psychométriques à l'aide de la matière inanimée » et non pas que « l'objet psychométré raconte son histoire», en faisant observer qu'il existe entre les deux formules théoriques une différence radicale. En effet, conformément à la première, il s'agirait, encore et toujours, de « rapports », c'est-à-dire que l'objet aurait le pouvoir d'établir le rapport psychométrique, ou avec l'ambiance dont il vient, ou avec un « moyen » transcendantal analogue aux clichés astraux des occultistes, ou aux empreintes dans l'akasa des théosophes, tandis que conformément à la seconde formule, on admettrait, au contraire, et entièrement, l'hypothèse des professeurs Buchanan et Denton, sur la possibilité que la matière constitutive de l'objet psychométré a enregistré sa propre histoire et qu'elle la raconte : hypothèse vraiment par trop simpliste et qui ne tient pas devant l'analyse des faits : on serait donc amené à la rectifier en la transformant dans l'hypothèse énoncée. Je ne veux toucher qu'à peine, pour le moment, à ce problème ardu : je le développerai alors dans mes commentaires du cas suivant :

VIᵉ Cas

Après ces premiers épisodes, où le rapport psychométrique se réalise au moyen d'animaux et de plantes, j'en arrive à relater quelques exemples où le rapport s'effectue grâce à la matière inanimée.

Le cas suivant est extrait de l'ouvrage du professeur William Denton : Nature's Secrets, or Psychometric Researches (p 153), et est intitulé : « L'autobiographie d'une roche ». La valeur probative de l'épisode tient en cette circonstance que la sensitive — Mme Elizabeth Denton — a parlé de certaines conditions de formations géologiques que le professeur Denton ignorait, et dont il constata ensuite la vérité ; par conséquent, les faits ne pourraient certes pas être expliqués par l'hypothèse de « romans subliminaux », que les médiums psychomètres créeraient sans s'en rendre compte. Le professeur Denton écrit :

Me trouvant à Jaynesville (Wisconsin), j'ai prélevé dans un tas de gravier une pierre de couleur sombre, d'un aspect caractéristique et du poids de quatre livres environ. J'en ai fait sauter un éclat, que j'ai présenté à la sensitive ; elle ne savait rien de mon acte, et ne pouvait rien déduire par le toucher. Elle commença ainsi :

— « Mon Dieu ! Quelles convulsions de la matière, se cachent dans ceci ! Je n'y comprends rien. J'ai l'impression d'être vomie par un volcan, en même temps qu'un flot de boue. Je vois à mes côtés d'autres grands fragments de roches plus gros que moi, bien que je me sente assez volumineuse.

« C'est bien la sensation la plus étrange que j'aie jamais éprouvée ; je suis poussée vers le haut, avec un mouvement rotatoire, par un torrent boueux chargé de lourdes pierres. Seulement cela ne se produit pas d'un seul coup, mais à plusieurs reprises ; je m'en vais avec tout le reste, qui roule avec moi épouvantablement.

« Maintenant je suis déposée, d'une façon immuable, quelque part ; mais les mugissements du volcan retentissent plus formidables qu'auparavant ; et à chacun correspond l'émission de nouveaux torrents de boue bouillante, qui se répandent avec violence hors du cratère, jusqu'à ce qu'un flot rétrogradant me repousse dans l'abîme. Quelles furies infernales se déchaînent là-dedans ! Mais je ne roule pas très bas, car un autre grondement et un nouveau flot éruptif me projettent en hauteur. Tout bouillonne autour de moi, mais je n'en ressens pas les effets. Je ne vois pas de feu, mais uniquement beaucoup de fumée et beaucoup d'exhalaisons gazeuses.

« A présent je me trouve déposée en bas, sur les flancs de la montagne, et je me sens toute transie. J'entends encore les mugissements de l'éruption et le sol tremble. Je reste là, longtemps ; puis je plonge dans une cavité profonde et ténébreuse. L'eau et l'humidité m'entourent ; je suis comme enterrée dans cet abîme : quand en sortirai-je ?

« Les eaux se répandent maintenant avec une grande force, et me font tourner vertigineusement. Je me déplace lentement et j'avance durant une longue période de temps (je dois raccourcir mon récit, car il s'agit d'une série interminable de siècles...).

« Enfin, je vois la lumière. Il y a une longue côte abrupte qui descend lentement vers les eaux, et je suis lancée sur elle par une vague formidable, qui se retire ensuite, en me laissant à sec... Une sensation étrange de passivité m'envahit, une disposition à laisser aller les choses comme elles le veulent bien. Tout me paraît si étrange ! Je sens que j'étais alors beaucoup plus volumineuse qu'à présent...

« Je suis dans la suite, couchée sur le fond d'un lac ; mais je ne me trouve pas au point le plus profond, car je distingue au-dessus de moi d'autres roches. Qu'elles sont froides, ces eaux ! Le lit du lac se remplit lentement à cause des grosses pierres qui y roulent. Il se trouve dans une latitude terriblement froide, et je me sens toute transie (La sensitive grelotte littéralement de froid).

« Je sens qu'il y a au-dessus de moi quelque chose qui n'est pas de l'eau ; mais je ne parviens pas à comprendre ce que c'est. (Bien que la chambre fût très chauffée, la sensitive rapproche sa chaise du feu). C'est singulier commes j'y vois peu ! Je n'éprouve que des sensations. A partir du point où je me trouve et en se portent vers la rive, le bassin où je me trouve est peu profond. Je me rends compte à présent que ce qui s'étend au-dessus de moi doit être de la glace, puisque cela laisse pénétrer la lumière. Maintenant je perçois que je suis emprisonnée dans cette glace ; circonstance qui me rattache à la masse sans fin où je suis enclose, et me confère la faculté de voir à la distance de plusieurs milles. L'épaisseur de la glace est énorme ; elle s'étend sans interruption et à perte de vue.

« Que tout cela est bizarre ! La glace se meut, et je me meus avec elle, en descendant lentement vers le Sud et en m'arrêtant de temps à autre. La partie supérieure du glacier tend à dépasser, dans sa marche, la partie inférieure ; ce fait m'étonne, car je comprends bien que dans une masse compacte de glace, il ne peut pas se produire que la partie inférieure aille plus lentement que la partie supérieure. La chose est donc impossible ; et néanmoins, on dirait qu'il en est réellement ainsi. Quel froid terrible ! Quel vacarme épouvantable produit le glacier en mouvement ! Ce sont des bruits de roches qui se fendent, des glissements sur la grève, qu'on ne devrait cependant pas entendre de très loin... « Maintenant on sent que la température s'adoucit rapidement... La chaleur augmente, et elle se dégage d'en bas. La glace se fond, s'égoutte, forme des ruisseaux ; elle se fond vraiment par le bas : je ne comprends pas. Je sens en outre que nous ne sommes pas assez descendus vers le Sud pour nous rendre compte de ce changement de température.

« Il me paraît que la glace tend à me libérer» Oui, je suis libre. Voici que je découvre le glacier dans toute son ampleur, et j'en reste stupéfaite. On dirait une suite sans fin de collines qui s'élèvent à pic. Le glacier continue à se fondre rapidement, et à mesure qu'il se fond, il se meut avec plus de rapidité. Je me trouve hors de son mouvement actuel, et ne me déplace plus qu'occasionnellement.

A cet endroit, le professeur Denton remarque :

La sensitive était trop lasse pour poursuivre l'expérience : si l'on avait pu continuer, elle eut révélé beaucoup d'autres détails encore. En tout cas, ce qu'elle a relaté est déjà intéressant.

Le professeur Denton montre ensuite que les déclarations de la sensitive correspondent aux caractères géologiques de la région où la pierre psychométrée a été recueillie, région littéralement encombrée de « blocs erratiques », transportés et laissés sur place par la débâcle de glaciers très anciens, provenant du nord. Il souligne de même la vérité scientifique du détail rapporté par la sensitive, qu'il y avait une inégalité de marche entre les parties supérieure et inférieure du glacier. Puis :

Il y a, dit-il, un passage de l'analyse psychométrique qui mérite une mention spéciale : celui où il est parlé de la chaleur qui, se dégageant d'en bas, provoquait la débâcle de la glace. La localité où j'ai recueilli la pierre se trouve sur les limites de la région du plomb... (Illinois, Wisconsin et Iowa). Je suis actuellement convaincu que le plomb s'y est inséré d'en bas, à l'état vaporeux, en traversant les états poreux et pierreux pour se déposer enfin dans les couches de calcaire magnésique où il s'est fixé. Il s'agirait donc de dépôts formés par sublimation à une époque où les roches étaient encore tièdes ; les indices de ce fait abondent dans la région. Le fait doit s'être produit pendant la période où les « blocs erratiques » s'y sont accumulés. Les glaciers descendaient du nord et du nord-est et fondaient aussitôt parvenus dans cette région géologiquement chaude, en laissant sur place leurs détritus rocheux ; c'est ainsi que se forma cet immense encombrement de blocs erratiques existant aujourd'hui dans le Wisconsin, au nord de la région du plomb. Je ne pensais aucunement à une telle théorie quand eut lieu cette analyse psychométrique ; il faut pourtant convenir que l'analyse suggère nettement cette théorie même. Si cette dernière était admise, les événements décrits par la sensitive devraient s'être effectivement réalisés à une grande proximité du point où j'ai ramassé la pierre psychométrée.

Reconnaissons à notre tour que les observations ci-dessus confèrent une valeur scientifique à l'analyse psychométrique. Comme les épisodes vérifiables, analogues aux précédents, abondent dans le livre de Denton et dans d'autres publications du même genre, on est amené à leur accorder la valeur de faits ; d'autant que ces épisodes ne constituent qu'une extension rationnelle de tels autres, non moins merveilleux, rapportés antérieurement et rigoureusement authentiqués. Or, si les notions enregistrées constituent des faits chaque fois que le contrôle est possible, il n'est pas loisible de les considérer systématiquement comme des romans subliminaux chaque fois qu'ils sont incontrôlables ; et d'autant moins lorsque les faits non contrôlables sont mêlés à des incidents vérifiables et vérifiés, comme il en va dans le cas qui précède. Comment expliquer ces faits ? Serait-il vrai que « l'objet raconte son histoire » ? Je sais bien que la manière de s'exprimer des sensitifs et le déroulement des épisodes provoquent cette

- 19 -

hypothèse ; mais j'ajouterai : il y a des facteurs qui amènent à formuler des réserves sur ce point ; elles ne sont pas de nature à l'éliminer, mais elles nous portent à la rectifier, ainsi qu'il résultera de ce que nous allons dire.

Ces réserves peuvent se résumer dans cette considération, que, si l'hypothèse selon laquelle le sensitif puise directement dans les objets psychométrés, tous les événements qu'il révèle, est insoutenable chaque fois qu'il est question d'événements humains, elle devrait alors être insoutenable et tout de même quand il est traité d'événements géologiques, paléozoïques, archéologiques par lesquels serait passé l'objet psychométré. Bref : si, dans le premier cas, l'hypothèse est erronée, elle ne pourrait pas être vraie dans le deuxième ; et en d'autres termes : si les événements naturels impriment leur histoire dans la matière, les événements humains devraient alors en faire autant. Il s'ensuit que, si l'on devait envisager comme étant démontré le fait que ce dernier phénomène ne se réalise jamais, il ne devrait pas, en conséquence, se réaliser non plus pour les événements naturels. Impossible de s'affranchir des deux prépositions offertes par ce dilemme, sinon en admettant qu'au moins partiellement, les événements humains, eux aussi, enregistrent leur histoire dans la matière ; c'est-à-dire qu'il y a tout de même des circonstances dans lesquelles le sensitif puise effectivement, dans l'aura contenue en l'objet psychométré, une partie des événements humains révélés, tandis que l'autre partie (celle qu'on ne pourrait pas expliquer par cette hypothèse, parce qu'elle concerne des événements qui se son produits lorsque l'individu n'était pas en possession de l'objet psychométré), il la puise dans la subconscience de l'individu consultant, grâce au rapport télépathique établi par l'entremise de l'objet. Entre parlant, je n'ignore point que cet expédient, d'avoir recours à deux hypothèses pour l'explication d'un groupe homogène de faits, n'est pas conforme aux méthodes de la recherche scientifique ; mais j'avoue que je ne vois guère comment on pourrait, dans l'occurrence, éviter l'inconvénient, car les circonstances sont ici on ne peut plus confuses et mystérieuses. D'ailleurs, il n'est pas improbable que les deux hypothèses puissent être, en dernière analyse, réduites à une seule, ainsi que je le démontrerai avant peu.

Pour le présent, il n'est pas inutile de se demander à quelle autre hypothèse on pourrait avoir recours si l'on ne voulait pas admettre la possibilité que« l'objet raconte sa propre histoire ». En ce cas, la seule hypothèse qui pourrait être appliquée aux faits dont que nous occupons serait celle à laquelle on a fait appel, pour les faits exposés précédemment, et selon quoi, en toute circonstance, on se trouverait en présence d'un phénomène d« « rapport télépathique ou télesthésique à distance ». Seulement, pour les épisodes précédents, il était presque toujours loisible d'imaginer que le rapport pût se réaliser, parfois avec la subconscience des vivants, parfois avec des entités de décédés, ou encore avec des êtres animaux et des organismes végétaux, tandis que dans le cas actuel, il faudrait supposer qu'il se produisît par un « moyen » super-normal de renseignements. Soit, mais quel « moyen » ? Avec quelle ambiance transcendantal s'établirait ici le rapport supposé ? Il est manifeste qu'en de pareilles circonstances, l'énigme du « rapport » apparaît infiniment plus mystérieuse que dans les cas précédents. On ne pourrait en fournir une explication quelconque qu'en utilisant les hypothèses forgées par les occultistes et les théosophes, les premiers mettant en avant le postulat des « clichés astraux » ; les deuxièmes, celui des « empreintes dans l'akasa » ; hypothèses audacieuses sans doute, mais qui seraient les seules pouvant expliquer le mystère, d'une manière quelconque. Et comme ces dénominations correspondent, en somme, à ce que Myers appelle ambiant métaéthérique, peut être vaudrait il mieux nous en tenir à cette dernière formule, car elle paraît, scientifiquement, plus acceptable.

Ceci dit, il vaut la peine de se demander si l'on ne doit pas envisager, presque comme une nécessité métaphysique, ce postulat de l'existence d'une « ambiance métaéthérique », réceptrice et conservatrice de toutes les vibrations constituant l'activité de l'Univers. Quant à moi, je serais porté à répondre affirmativement à la question, en remarquant que de la même manière que les physiciens et les astronomes sont amenés à admettre que les vibrations lumineuses parcourent l'espace infini sans jamais prendre fin, de même devrait-on admettre la persistance virtuelle ou potentielle de toute forme de vibrations cosmiques. Et comme, après tout, les états de la matière et les vicissitudes des organismes vivants se résument en une succession de vibrations sui generis, de l'éther, il en résulte qu'ils devraient continuer à exister à l'état virtuel ou potentiel, dans une ambiance quelconque — celle appelée par Myers « métaéthérique » — d'où les sensitifs pourraient les tirer et les interpréter, grâce au « rapport » établi entre eux et l'ambiance réceptrice. Pour nous servir d'une comparaison, nous devrions dire : de même que les signes imperceptibles imprimées par la voix humaine sur le disque du phonographe ont la vertu d'évoquer intégralement la voix qui les a produits, aussitôt que la « pointe d'amorcement » du phonographe établit le « rapport » entre le disque et le mécanisme moteur, de même les vibrations infinitésimales imprimées dans l'ambiance métaéthérique par les événements naturels et humains, auraient la vertu d'évoquer les événements en question, dès que l'objet psychométrable établit le « rapport » entre la subconscience du sensitif et l'ambiance métaéthérique. Au point de vue scientifique et philosophique, cette hypothèse n'aurait rien d'illégitime ; au point de vue métapsychique, elle serait de nature à expliquer, jusqu'à un certain point, les phénomènes psychométriques de l'ordre dont nous nous occupons, sans qu'il soit nécessaire de recourir à l'autre, où l'on suppose que « les objets racontent leur histoire ». J'ai dit : « jusqu'à un certain point », car plusieurs détails resteraient dans une mi-obscurité théorique fort embarrassante. On n'approcherait la solution de l'énigme qu'en apportant une rectification à la même hypothèse ; rectification qui, bien que légère en apparence, entraînerait des conséquences théoriques incommensurables, au point de vue scientifique comme au point de vue philosophique . Elle consisterait à supposer que le « moyen » par lequel les sensitifs entrent en rapport, au lieu d'être une ambiance métaéthérique plus ou moins hypothétique, serait l'éther lui-même. Voyons à quelles déductions nous entraînerait cette variation.

On sait que l'éther (qui n'est plus matière dans la signification ordinaire du mot, puisqu'il n'est pas atomique, n'offre aucune résistance à la translation des astres, et n'est pas sujet à la loi de gravitation), occupe les espaces interplanétaires de l'Univers, compénètre la matière inanimée et les organismes des êtres vivants ; ce qui équivaut à admettre qu'il est Omniprésent. Or, cette notion ne peut que faire réfléchir toute personne ayant une mentalité philosophique, puisque l'Omniprésence est le premier des attributs de la Divinité. Si l'on devait maintenant reconnaître que l'éther a la propriété de recevoir et conserver toutes les vibrations constitutives de l'activité universelle, l'éther ainsi se révélerait Omniscient ; or, l'Omniscience est le deuxième attribut de la Divinité. Quant au troisième attribut divin, qui est l'Omnipotence, il n'est qu'une conséquence nécessaire des deux autres ; ce qui conduit à penser que l'éther intégrerait en lui tous les attributs de la divinité. Une fois à ce point, il ne nous resterait qu'à accorder logiquement à l'éther l'Auto conscience pour que l'éther devienne Dieu. Et comment refuser l'Auto conscience à un Etre infini immatériel — donc Spirituel — Omniprésent, Omniscient et Omnipotent ? Ne- sont-ce pas là les attributs qui philosophiquement, et nécessairement, sous-entendent une Intelligence infinie ?

Il s'ensuivrait que les sensitifs psychomètres entreraient en rapport avec un état, ou un aspects, ou une manifestation de l'activité divine ; ce qui ne doit pas paraître irrévérent, puisque si l'éther compénètre — comme il les compénétre indubitablement — tous les organismes vivants, Dieu, alors est déjà immanent dans ses créatures ; en d'autres termes, nous sommes en communion permanente avec la Divinité.

La théorie de l'Ether Dieu n'est aucunement nouvelle, puisqu'elle remonte aux stoïciens ; le professeur Oliver Lodge, le professeur Dolbear et le docteur Cooney en ont parlé récemment ; tandis qu'un ecclésiastique anglican — le Rév. John Page Hopp — a développé magistralement ce sujet avec toutes ses conséquences philosophiques et religieuses.

L'admission de cette théorie aurait, comme première conséquence, de concilier entre eux les systèmes philosophiques matérialistes et spiritualistes, en rendant intelligible et théiste même la conception d'Hartmann sur l'Inconscient Universel ; mais surtout en apportant le complément nécessaire à l'a grandiose conception monistique de l'Univers; ainsi le système philosophique d'Ernest Haeckel reviendrait à une vie nouvelle, sans qu'il fût nécessaire de la retoucher, hormis pour y ajouter cette brève formule :- « L'Ether est Dieu ».

Dans ces conditions, entre l'hypothèse en question (qui, tout en se trouvant rectifiée, serait toujours celle qui considère l'objet comme « étant capable de raconter son histoire »), et l'autre, selon laquelle l'objet ne révélerait rien, mais servirait à établir le rapport entre le sensitif et les vivants, ou les trépassés, ou l'ambiance métaéthérique informateur, la conciliation et l'unification deviendraient possibles sur la base commune du « rapport » nécessaire à la perception et interprétation des « systèmes de vibrations » qui intéressent le consultant.

En effet, de même que pour évoquer l'histoire d'un vivant, il est nécessaire de présenter au sensitif un objet ayant appartenu au vivant dont il s'agit, sinon le rapport de ce dernier avec le sensitif ne se produirait point ; de même que, pour évoquer l'histoire d'un défunt, il faut présenter au sensitif un objet ayant appartenu au défunt sans quoi on n'obtiendrait pas l'établissement du rapport entre le sensitif et l'esprit désincarné ; de même, pour connaître l'histoire d'un bloc de pierre il est nécessaire de présenter au sensitif un éclat du bloc, à peine de ne pouvoir établir le rapport entre le sensitif et le « moyen » éthérique ayant enregistré le « système de vibrations » correspondant aux faits recherchés. En bref ; la conciliation et l'unification des deux hypothèses consisteraient en ceci : que dans l'occurrence des « objets qui racontent leur histoire », il ne s'agirait nullement de l'a matière inanimée dévoilant ses vicissitudes, mais toujours d'un phénomène de « rapport télesthésique » qui se serait établi avec l'éther omniprésent et, en conséquence, immanent dans l'objet psychométré ; solution fort distincte de l'autre, bien que la manifestation apparente des faits ne change pas.

Conformément à cette version appliquée aux phénomènes que nous examinons, il serait aisé de concevoir que, quand le sensitif tire de l'objet la connaissance de vicissitudes humaines, il peut se comporter de deux manières différentes :

1° En puisant une partie des renseignements de l'ambiance éthérique contenue dans l'objet et 2° en recueillant l'autre partie dans la subconscience du consultant.

Chaque fois, alors, que le sensitif révèle des incidents s'étant produits durant la période que l'objet est resté en possession du consultant, il faudrait supposer qu'il n'y a pas eu de rapport avec la subconscience du consultant, mais uniquement perception et interprétation des vibrations latentes de l'objet ; par contre, chaque fois que le sensitif révèle des épisodes antérieurs ou postérieurs à la période durant laquelle l'objet a été en possession du consultant, on devrait penser qu'un « rapport télépathique » s'est produit entre le sensitif et le consultant.

Ceci dit, il me semble que nous avons nettement tracé les modalités d'une manifestation phénoménique ayant la vertu d'unifier les deux hypothèses concurrentes : c'est-à-dire que dans tous les cas, il s'agirait d'un « rapport télépathique ou télesthésique » établi, ou avec la subconscience d'un vivant, ou avec l'entité d'un défunt, ou avec des individualités animales, ou des organismes végétaux, ou bien finalement avec l'éther récepteur et conservateur des systèmes de vibrations cosmico-psychiques constituant l'essence et l'existence de l'Univers.

VIIe Cas

Ce cas se trouve dans l'ouvrage déjà cité du professeur Denton (page 169). L'exemple qu'il apporte est analogue au précédent, où « l'objet relate son histoire », avec cette différence toutefois, que les premières impressions de la sensitive se réfèrent aux conditions actuelles de la localité d'où provenait l'objet pyschométré pour se reporter ensuite à des époques fort reculées dans son histoire géologique, M. Denton écrit :

J'ai rassemblé, dans une boîte, vingt-quatre objets divers, chacun desquels était enveloppé d'un papier identique de telle sorte qu'on ne pouvait pas les distinguer l'un de l'autre, au moins par la vision normale. Madame Denton prit l'un de ces petits paquets, dont personne n'aurait pu deviner le contenu, et commença à décrire, dans les termes suivants, ce qu'elle voyait ou sentait :

Je ne saurais expliquer si je me trouve à la surface du sol, ou dans le sous-sol. Il me semble plutôt me voir dans une caverne, mais je n'éprouve pas les frissons caractéristiques qu'on ressent dans ces endroits ; si c'est une caverne, elle est spacieuse. Oui, maintenant je vois que c'est bien une caverne, quoique cette dénomination ne s'adapte pas très bien à notre cas, d'autant plus que la lumière du jour y pénètre par une large ouverture. Je ne comprends pas bien comment j'ai pu y entrer, car je ne me sens pas poser sur le sol, et je croirais, de préférence me trouver sur l'eau. Les roches tout autour de moi sont, elles aussi, baignées par les eaux. Je me rends peu à peu mieux compte que le mer pénètre par l'ouverture. Des deux côtés, j'aperçois de hautes colonnes de roche. En avançant vers l'intérieur, la grotte devient plus sombre... A son entrée, les colonnes étaient courtes et n'atteignaient pas la voûte. Quel plaisir on éprouve à l'explorer en bateau ! On est envahi par un sentiment de grandeur et de beauté que bien peu d'autres sites peuvent offrir. L'ouverture est très large et l'eau de la mer l'occupe entièrement. Les colonnes sont disposées régulièrement ; elles ne sont pas inégales et de formes irrégulières comme il arrive généralement pour les roches. Elles me remémorent une photographie que je vis, une photographie de la grotte de Fingal...(Fingal's cave (Ecosse).

« À présent, j'aperçois un grand oiseau et j'entends les cris aigus de plusieurs autres. Que prétendent-ils chercher sur ces roches nues, où il n'existe aucune trace de végétation ?... Ils viennent prendre du repos sur les colonnes...

« Je pense que ces énormes voûtes étaient bien plus étendues jadis, et il me semble entendre le terrible fracas qui se produit quand elles se précipitèrent dans la mer. La grotte s'incurvait à droite jusqu'à toucher une autre terre ; mais ceci avait lieu à une époque très reculée ; elle était alors d'une magnificence extraordinaire. Sa beauté actuelle n'est rien en comparaison de ce qu'elle fut. Elle était deux fois plus longue ; ce qui reste n'est que le fond de la grotte. Dans les eaux de la mer, à une certaine distance de la côte, s'élèvent encore plusieurs colonnes ayant appartenu à la grotte primitive. « A cette époque-là, tout alentour, c'était la terre ferme ; sur cette terre se prolongeait la grotte, qui depuis s'écroula partiellement dans la mer. Selon mon impression, elle ne fut pas recouverte par les eaux, mais elle y fut précipitée, bien qu'elle ait pu se désagréger pour une minime partie sous l'action corrosive des vagues. Les tremblements de terre secouèrent longuement et terriblement ce sol, qui est maintenant devenu stable, je le vois à plusieurs reprises émergeant et submergé sur une très vaste étendue. Je ne sais pas concevoir comment un phénomène semblable peut se produire ; mais c'est ce que je perçois. Autour de la grotte il y a plusieurs îles, dernier reste d'une ample extension de terres maintenant submergées. Quelques-unes de ces îles ne sont que les cimes d'anciennes montagnes... ».

(Quand on ouvrit le paquet, on vit qu'il contenait un éclat de basalte pris dans la grotte de Fingal (île de Staffa). Le professeur Denton, qui n'avait jamais visité la grotte, eut recours à des ouvrages spéciaux pour y découvrir des renseignements et constata que, si la sensitive avait été visiter les lieux personnellement, elle n'aurait pu en donner une description plus exacte. Il consulta en outre une monographie géologique sur l'île de Staffa, et y apprit que les sédiments alluvionnaires existant aux Hébrides, ainsi que l'orientation d'anciens restes de roches, laissaient présumer qu'à une date très lointaine, toutes les îles de l'archipel devaient former un seul corps, soudé au continent, comme l'avait révélé la sensitive. Néanmoins l'opinion de l'auteur de la monographie diffère de celle exprimée par la sensitive au sujet de la cause ayant entraîné l'immersion de ces terres ; le géologue l'attribuait à l'action désagrégeante des flots, tandis que la sensitive évoquait le fait d'un cataclysme tellurique).

Pour l'éclaircissement théorique de ce cas, je renvoie le lecteur aux commentaires dont j'ai fait suivre le cas précédent, de même nature, sauf le détail que l'objet psychométré a eu pour effet initial de provoquer dans la sensitive le rapport — et par conséquent, la vision télesthésique — avec le site d'où il provenait.

Au point de vue probatif, il est opportun d'insister sur la circonstance que l'objet psychométré était dûment enveloppé dans une feuille de papier, et que la sensitive l'a sélectionné dans un groupe de vingt-quatre objets enveloppés dans des papiers identiques ; conséquemment, ni la sensitive, ni les personnes présentes à l'expérience ne pouvaient deviner la nature du contenu. Le seul fait d'avoir aussitôt identifié l'objet est déjà, en lui-même, fort remarquable. En outre, la description fournie par la sensitive contenait des données ignorées par le mari et qui étaient conformes à la vérité. Quant au désaccord existant entre l'opinion de l'écrivain géologue et celle de la sensitive, touchant la cause probable de l'immersion de cette partie de la terre ferme, j'avouerai que la version donnée par la sensitive paraît bien plus vraisemblable que celle proposée par le géologue.

VIIIe Cas

Je puise cet épisode dans le livre cité (page 98) ; c'est un incident typique de visualisation paléozoïque avec identification de la sensitive dans l'animal évoqué. Le professeur Denton raconte :

J'ai détaché un petit fragment d'émail sur une défense de mastodonte et je l'ai taillé de façon qu'il fût impossible de reconnaître de quoi il s'agissait. Il avait un diamètre de trois dixièmes de pouce environ, et une épaisseur d'un vingtième de pouce. La défense avait été trouvée dans une crevasse, à une profondeur de trente pieds, par des chercheurs de minerai de plomb, aux alentours de Hazel Green (Wisconsin).

La sensitive, Madame Denton, qui ne voyait d'ailleurs pas l'objet que je lui présentais et ne pouvait se former aucune idée à son sujet, commença en disant :

— J'ai l'impression qu'il s'agit d'un reste de quelque animal géant, probablement, un éclat de dent. Je me reconnais être un animal monstrueux, avec des jambes puissantes, une tête embarrassée dans ses mouvements et un corps colossal. Je me dirige vers les rives d'une rivière peu profonde pour m'y désaltérer. Je me sens les mâchoires si épaisses et si lourdes, que je ne parviens presque pas à parler. Et je pourrais croire que je marche sur quatre pattes.

» J'entends des barrissements dans la forêt et j'éprouve comme une impulsion à y répondre. Mes oreilles sont énormément larges ; on les dirait en cuir ; quand j'agite la tête, elles me frappent le museau. Il y a, à peu de distance, des animaux tout semblables à moi, mais beaucoup plus âgés. J'éprouve un embarras à parler avec ces lourdes mâchoires de couleur sombre. Je vois l'un de mes semblables, très vieux, avec des défenses très longues, qui peut à peine se mouvoir, et j'en aperçois plusieurs, très jeunes ; nous formons une troupe.

» Je constate que je puis mouvoir la lèvre supérieure d'une manière curieuse, car je la retourne en-dessus. Je trouve curieux de pouvoir faire cela !

» Il y a ici une plante plus haute que ma tête, le tronc est gros comme mon bras, très juteux, douceâtre et tendre ; son goût rappelle celui du blé vert encore, mais il est plus doux ».

Le professeur Denton demande : « Est-ce là la saveur que la plante devrait avoir pour un être humain ? — La sensitive répond : « Oh non ! (sa bouche dessine une grimace de dégoût) ; elle serait pour nous très désagréable, absolument écœurante ».

Le professeur Denton commente ainsi le compte rendu :

L'identification complète des sensitifs avec la chose psychométrée, ou avec l'animal de l' « influence » duquel ils se sentent envahis, constitue l'un des faits les plus remarquables de nos expériences, et éclaire d'une lumière nouvelle quelques-uns des problèmes les plus mystérieux de la nature. Certaines formes de démence présentent aussi cette condition d'esprit, qui fait que l'esprit est dominé, supplanté presque, par les influences qui L'envahissent ; et ceci jusqu'au point que l'individu perd la conscience de lui-même, pour devenir un instrument inconscient. Bien que ce soit toujours l'individu qui fournit les facultés psychiques, cependant l'influence qui l'envahit en prend possession et le gouverne, en annihilant sa volonté.

Ces considérations du professeur Denton paraissent bien fondées, et dans les cas que nous avons examinés précédemment, on a déjà rencontré, chez miss Edith Hawthorne, le même phénomène d'identification de la sensitive avec la délicate mentalité d'un pigeon voyageur, et chez Mrs. Elisabeth Denton, son identification avec les couches de la matière, relativement à l'analyse psychométrique d'une roche.

M. Kensett Style, qui a découvert fortuitement en lui-même des facultés psychométriques fort remarquables, rapporte à ce sujet :

Lorsque j'ai commencé à expérimenter, je voyais les choses comme si je les regardais du haut d'une tour ou d'un ballon ; j'éprouvais ainsi une difficulté considérable à en discerner les détails... A mesure que je m'entraînais par de nouvelles expériences, on aurait dit que je me rapprochais graduellement des choses qu'il s'agissait de voir, jusqu'au jour où, à mon grand étonnement, je me suis vu devenir la personne même qu'il s'agissait de décrire. Il me faut avouer que mes premières expériences étaient pour moi beaucoup plus intéressantes que les dernières, car je contemplais alors les choses avec les yeux d'un citoyen du XXe siècle, nanti des connaissances modernes, tandis qu'à présent j'aperçois les choses avec les yeux d'une personne vivant à l'époque à laquelle me transporte l'objet, et par conséquent, d'une personne qui ne peut pas très bien juger le milieu dans lequel elle évolue. Il en résulte que, sans la présence de quelque investigateur habile, prêt à m'adresser des questions de nature à me tirer des renseignements, je ne ferais aucune allusion à beaucoup d'incidents intéressants et concluants que j'ai pourtant visualisés. Si, par exemple, on me présentait un objet provenant de la Fleet-Street d'il y a 150 ans, je ne dirais vraisemblablement rien en voyant des têtes humaines exposées à la porte des prisons de Temple Bar, et ceci pour la simple raison que ce spectacle macabre me semblerait tout naturel (Light, 1909, page 20).

Pour ce qui concerne les conditions psychologique engendrent chez les sensitifs cet état d'identification, on peut admettre le bien fondé des observations de M. Denton, selon lesquelles le phénomène doit être attribué à la sensibilité des psychomètres, qui provoquerait la domination et l'effacement de leur esprit sous les influences qui l'envahissent. Si l'on voulait rechercher davantage la raison profonde des faits, on pourrait observer qu'ils tirent vraisemblablement leur origine d'un phénomène de « syntonisation » entre le système de vibrations constituant la personnalité du sensitif, et le système de vibrations contenu dans l' « aura psychométrée ». On devrait donc supposer que, de même qu'en faisant résonner une corde harmonique à côté d'une autre corde ayant le même degré de tension, cette dernière résonne, à son tour, en émettant la même note, de même, quand un sensitif entre en rapport avec l'aura contenue dans un objet (ce qui signifierait qu'il est parvenu à « syntoniser » le système de vibrations constituant sa propre nature avec le système de vibrations contenu dans l'aura qui l'intéresse, car sans cette condition, il ne la percevrait pas et ne l'interpréterait pas), alors, tout comme il se produit pour la corde harmonique, il vibre à l'unisson avec le système de vibrations de l'aura avec laquelle il est en rapport — ce qui revient à dire qu'il ressent en lui-même toutes les sensations organico-psychiques ou les états de la matière qui contribuent à spécialiser le système de vibrations contenu en l'aura psychométrée. Il doit donc se sentir comme identifié à la personne vivante ou morte, à l'être animal, ou à l'organisme végétal, ou à la matière minérale à laquelle se rapporte l'aura contenue dans l'objet.

IXe Cas

Dans les commentaires apportés aux cas précédents, j'ai fait allusion aux facultés psychométriques de M. Kensett Style ; je reproduis ici un premier fait de ce genre, mentionné par lui dans une conférence qu'il fit à Londres, au siège de la « London Spiritualist Alliance » (Light, 1909, page 31).

Le psychomètre se trouve fréquemment en face de nombreuses difficultés à surmonter. D'abord, celle provenant de diverses « influences » contenues dans le même objet, et qui peuvent se distinguer en « parallèles » et « superposées ». Je nomme influence « parallèle » celle qui se présente lorsqu'un objet a été employé par deux ou plusieurs personnes, ou lorsqu'il est composé de deux ou plusieurs choses diverses qui ont été réunies. Je rapporterai un exemple de cette dernière sorte.

Je possède une épée de Dervish qui vient de la bataille d'Omdurmann. Quand je l'ai prise dans mes mains pour la première fois et que j'en ai touché la poignée et le fourreau, j'ai eu la vision d'un fanatique barbu, au teint bronzé, enveloppé d'un ample manteau, qui, à la tête d'une horde musulmane lancée à l'assaut, excitait ses hommes à exterminer les Infidèles. Je suppose, d'ailleurs, que je m'attendais à quelque chose de semblable. Mais voilà qu'en ayant dégainé l'épée et en ayant palpé la lame, j'ai éprouvé une vision bien différente. J'ai vu la figure d'un homme, paraissant parvenu aux extrêmes limites de l'épuisement physique et qui, revêtu d'une armure ancienne d'origine européenne, se trouvait perdu dans une immense plaine sablonneuse et déserte. Il était agenouillé, tenant devant lui un grand espadon à deux mains, évidemment pour remplacer une croix, comme on avait l'habitude de le faire au Moyen-Age, en employant un signe symbolique pour mieux se recueillir dans la prière. Il me semblait qu'il avait dû s'égarer dans le désert, ou qu'il se trouvait coupé de ses compagnons d'armes ; il se rendait compte que tout espoir était perdu, s'apprêtait à mourir en chevalier chrétien.

Quelque temps après, l'un de mes amis éclaircit ce mystère en découvrant sur la lame de l'épée l'empreinte très faible d'une marque d'armurier ; il put ainsi s'assurer que la lame, de provenance française, remontait à l'époque des Tudor. En ces circonstances, on pense maintenant que l'arme constitue une relique de la dernière Croisade, qui fut composée presque entièrement de Français, exterminés ou capturés par les Sarrasins. On voyait bien que la lame avait été raccourcie par la personne qui l'avait recueillie, pour la réduire aux proportions de celles employées par les mahométans.

Dans le récit de Mr Kensett Style on rencontre plusieurs autres faits du même genre. Comment en expliquer l'origine ? Il est d'abord évident que, pour éclaircir l'épisode du croisé (concordant avec la provenance et l'origine de l'épée psychométrée), il ne serait pas possible de s'écarter beaucoup de l'hypothèse qui revient à considérer « l'objet comme étant capable de raconter son histoire ». En ces conditions si, d'un côté, l'analyse des faits amène à éliminer la première forme de cette hypothèse, autorisant à croire que l'aura révélatrice serait directement enregistrée par la matière, elle nous engage, par contre, à remplacer cette première forme par l'une quelconque des deux variantes selon lesquelles les sensitifs entreraient en rapport, ou avec une « ambiance métaéthérique », ou avec l'éther de l'Univers, qui, devant être de nature omniprésente, et en conséquence, immanente dans la matière des objets psychométrés, recevrait et conserverait les systèmes de vibrations correspondants aux événements survenus aux possesseurs des objets présentés aux sensitifs.

Xe Cas

La théorie qui considère l'objet capable de raconter son histoire pouvant être retenue comme fondamentale pour l'explication des phénomènes psychométriques, il est sage de l'examiner sous tous les rapports ; je reproduis donc un nouvel exemple de cette sorte, dans lequel on observe un autre aspect de la phénoménologie. Je l'emprunte à Light (1903, p. 173) ; il fait partie de la série d'expériences de Miss Edith Hawthorne. Celle-ci écrit:

Au cours de l'automne dernier, j'ai reçu en cadeau un secrétaire ancien, dans les tiroirs duquel je n'ai pas eu le loisir de fouiller jusqu'à mercredi dernier, 11 mars 1903. J'y ai trouvé une petite collection de reliques recueillies par un vieux monsieur, dont un minuscule morceau de toile de lin, très ancienne, et de la dimension de quelques ponces. Quelque scrupule m'a retenue de condamner cette toile au bûcher en même temps que beaucoup d'autres menus objets du même genre, tels que des fragments de pain à cacheter et de cire à cacheter ; mais l'idée de l'employer pour une expérience psychométrique ne m'est venue que plusieurs heures plus tard. « Pourquoi — pensai-je — ne pas psychométrer ce fragment de lin et voir s'il ne peut me révéler quelque détail de son histoire ? » Et voici l'histoire qu'il m'a racontée :

« Dès que je l'ai pris dans mes mains, je me suis sentie transportée à l'Abbaye de Westminster, et précisément dans une pièce sombre où l'on étouffait. Il y avait là une sorte d'exposition de figures en cire, dans l'une desquelles j'ai reconnu la Reine Elisabeth, en jupe de velours, portant des broderies splendides et des bijoux ; il me semblait percevoir aussi du linge sous la jupe.

« J'ai vu ensuite paraître un cercueil, puis un corbillard, enfin une foule assistant à un enterrement qui se dirigeait lentement vers Whitehall. Les hommes portaient des culottes de laine et des chapeaux de l'époque des Tudor ; les femmes, des jupes courtes et des coiffes.

« Je me suis trouvée ensuite, et de nouveau, à l'intérieur de l'Abbaye, dans une petite chapelle où vibraient les accents d'une musique instrumentale très simple, à base de cornemuses et autres instruments en bois, pendant que mes pensées se concentraient sur la mort d'un jeune homme.

« Je me suis, peu après, vue dans la Tour de Londres ; j'ai traversé la Tour Verte, en entrant dans la petite salle de la Tour Beauchamp, où tant de noms sont écrits et gravés sur les murailles. Il y avait là un homme revêtu d'une toge de parade, avec collerette plissée. Il montrait un visage ovale émacié, des cheveux gris et courts, le front haut et étroit, des mains très longues et très blanches, les ongles très soignés. Il lisait un livre aux pages parcheminées et dont les lettres capitales aux alinéas, étaient richement enluminées. Il me semblait être un homme de lettres. Je l'ai vu sortir, de son pourpoint, un chapelet et en baiser la croix. Il paraissait profondément attristé de la mort de quelqu'un, et ses lèvres murmuraient une prière, pendant que la main gauche, tendue dans la direction de la Tour Blanche, semblait indiquer que ses prières étaient tournées de ce côté-là.

« Une autre représentation s'est déroulée alors devant moi : Dans la nuit profonde, j'ai discerné un petit bateau sur le fleuve ; il contenait un homme muni d'une torche ; il avait délié la corde par laquelle le bateau était amarré à la rive, et voguait vers le pont de Londres.

« Je me suis de nouveau retrouvée dans la Tour de Londres, et précisément dans la chambre ronde de la petite Tour. Plusieurs femmes, habillées de longs justaucorps en laine, étaient là occupées à coudre et à dialoguer sur un ton de tristesse générale, comme s'il s'agissait d'un deuil plutôt national que privé.

« De là, je suis passée à Cheapside, où les maisons me rappelaient des décors de l'ancien théâtre. Je me suis reconnue dans la boutique d'un marchand de draps, avec deux clientes, et j'ai distinctement entendu les mots « Bretagne » et « Saxe » ; j'ai donc supposé que la toile qu'elles achetaient provenait de ces deux pays. Toutes deux paraissaient attristées, mais non désolées.

« Je me suis trouvée ensuite dans une pièce sombre et glaciale, saturée de l'odeur de vinaigre mêlé à celui de plusieurs herbes aromatiques, et j'ai été saisie d'un frisson de peur, sentant que j'étais à proximité d'un cadavre.

« La scène a changé encore une fois, et j'ai vu apparaître un char funèbre sur lequel était étendue une figure en cire habillée avec la pompe royale ; une grande foule fourmillait tout autour.

« Je suis passée, enfin, dans les souterrains de l'Abbaye de Westminster, où me parvenaient de loin les voix solennelles d'un orgue et où évoluaient quelques femmes occupées à mettre en ordre et à battre des vêtements poussiéreux, qui me firent violemment éternuer. Cette poussière séculaire m'étouffait ; je sentais, dans ma bouche, un goût de camphre, de santal et d'autres substances préservatives dont j'ignore le nom. Et la poussière de ces vêtements a comme formé devant mon regard une succession d'épisodes historiques très fugaces, que je n'ai pu discerner assez pour les décrire. Cette série d'images très vives gravèrent néanmoins dans mon esprit la conviction que le morceau de lin très ancien que j'avais entre mes mains avait fait partie de l'habillement d'un personnage royal, d'où il avait été transféré sur une figure en cire ».

« Tout cela prenait l'aspect d'une agréable leçon d'histoire et de mœurs anglaises ; mais la valeur des scènes visualisées me paraissait bien douteuse. En tout cas, je n'étais pas en condition de résoudre le problème, parce que mes connaissances concernant l'Abbaye de Westminster se bornaient à une courte visite faite au tombeau de Charles Dickens, le 7 février de l'année courante. J'ai donc résolu de faire une petite enquête à ce sujet. Je sus ainsi que les figures de cire que j'avais vues étaient réellement conservées dans l'Abbaye de Westminster, bien qu'elles ne fussent pas visibles pour le public ; elles provenaient d'une ancienne coutume aujourd'hui oubliée, qui consistait à transporter processionnellement l'effigie en cire, royalement vêtue, du dernier souverain décédé.

Ce point important une fois élucidé, j'ai écrit au vieux gentleman qui m'avait envoyé le secrétaire, afin de savoir si le morceau de lin que j'avais psychométré présentait un intérêt historique ; il me répondit :

« Chère Miss Edith, vos inductions sont fondées : ce morceau de lin a un intérêt historique, mais je ne me souviens pas au juste de quelle nature. Il appartenait tout d'abord à ma sœur (actuellement décédée), qui y tenait beaucoup, parce qu'elle l'avait reçu de quelqu'un qui était en rapport avec l'Abbaye de Westminster ».

Si l'une des personnes qui liront ces lignes était à même de me fournir des renseignements sur l'époque où fut abolie la cérémonie du transport, en procession. de l'effigie en cire du dernier souverain décédé, je lui en saurais gré.

Dans le récit ci-dessus, il convient de noter la convergence admirable de toutes les visions de la sensitive, dans l'intention de lui faire savoir que ce morceau de lin avait été coupé des vêtements d'une figure royale en cire, conservée à l'Abbaye de Westminster. Il s'ensuit que la plupart des images visualisées ne représentent probablement pas des faits spécifiques s'était produits en rapport avec l'objet psychométré, mais uniquement des images pictographiques, ou des représentations symboliques, transmises à la sensitive par son Moi subconscient, dans le but de la documenter sur ce qu'elle désirait évoquer. Ainsi, par exemple, la figure de l'érudit, qui murmure une prière en indiquant de la main la Tour Blanche, comme pour faire comprendre à la sensitive que le défunt pour lequel il priait était un personnage royal ; ainsi, de même, les deux dames qui achetaient de la toile chez un marchand en prononçant les mots « Bretagne » et « Saxe », comme pour faire connaître la provenance de la toile psychométrée. Ces deux « vues » ne peuvent être envisagés comme des reproductions de faits s'étant produits jadis, mais comme de véritables images pictographiques et symboliques, destinées à informer la sensitive sur les faits en relation avec l'objet psychométré.

Ce nouvel aspect des manifestations psychométriques, s'il contribue, à un certain point de vue, à compliquer le problème auquel nous sommes confronté, ne peut pas modifier, d'autre part, les conclusions acquises par nous afin d'en expliquer la genèse. En effet, pour rendre compte de cette forme de renseignements psychométriques de nature symbolique, il faut, quand même, avoir recours à l'hypothèse d'une « influence personnelle » déposée sur les objets par les personnes qui s'en sont servies, ou bien à l'hypothèse complémentaire des « systèmes de vibrations » correspondant aux événements à travers lesquels les objets ont passé. Sans cette acceptation on ne pourrait pas expliquer la cause pour laquelle s'établit le « rapport » entre le sensitif et les personnes, ou les choses, ou l'ambiance métaéthérique, ou l'éther de l'Univers, rapport capable de fournir les renseignements demandés.

Et pourtant ce n'est pas moins vrai qu'il faut tenir compte du fait que les visualisations des sensitifs ne correspondent pas toujours à des événements réels s'étant produits en rapport avec l'objet psychométré. Par conséquent, on devra dire que, si, dans la plupart des cas, l'analyse des faits démontre la concordance des visions des sensitifs avec des événements passés, on rencontre toutefois plusieurs exceptions à la règle, sous la forme de représentations symboliques qui tendent également, mais d'une façon indirecte, à documenter le sensitif sur l'histoire de l'objet psychométré...

XIᵉ Cas

J'en viens maintenant à exposer certaines variétés plus ou moins curieuses et mystérieuses des rapports psychométriques, en commençant par celle où le rapport s'établit spontanément, aussitôt que le sensitif se trouve près d'un objet comportant un intérêt pour lui, mais sans qu'il connaisse cette circonstance et sans qu'il ait eu contact avec l'objet en question.

Dans le cas suivant, le phénomène se réalise à l'arrivée d'une lettre, comme si elle avait agi psychométriquement à une certaine distance, en déclenchant la formation du « rapport » avec la subconscience de l'expéditeur.

Le cas est tiré du Journal of the Society for Psychical Research (Vol. VI, p. 103), Le Rév. W. M. Lewis écrit :

Depuis une trentaine d'années, ma résidence est à six milles de la ville de St. David's Head (Pembrokeshire), où je suis pasteur dans une église non conformiste.

Au mois de mai 1890, je me trouvais à Londres ; un matin je fus réveillé par les coups habituels que frappe le facteur postal en introduisant le courrier dans la boîte, à la porte. Ayant sommeil, je me suis rendormi presque aussitôt, mais pas pour longtemps. Pendant ce temps, j'ai rêvé me trouver dans une maison rempli de monde et écouter un sermon du Rév. D. C. D. alors Président d'un Collège dans le Breconshire. La voix du conférencier, qui a toujours été faible, restait inintelligible de l'endroit où je me tenais ; je m'efforçais d'en saisir quelques lambeaux, sans y parvenir. Ce qui contribuait à l'étouffer complètement, c'était le bruit du dehors, et surtout le son d'une musique qui finit par devenir si assourdissante, que le conférencier dut se taire et se rasseoir. Alors je me suis porté à côté de lui, en exprimant mon désir d'aller entendre ses conférences au Collège de T., et en le priant de m'en faire connaître ses thèmes. Il s'est efforcé de me les exposer, mais les bruits extérieurs continuaient si fortement, que je ne parvenais pas à l'entendre...

Toutes les circonstances de ce temps de sommeil me sont restées gravées si précisément dans la mémoire, qu'en m'habillant j'y songeais avec intensité tout en m'efforçant de saisir les causes qui avaient pu provoquer ce rêve.

Or, descendant au rez-de-chaussée, je constate que la seule lettre apportée par le facteur ce matin-là était de mon fils, résidant alors au Aberystwith Collège. En l'ouvrant, je vérifie, à mon grand étonnement, qu'elle était entièrement intervenu consacrée au conférencier intervenu dans mon rêve. Mon fils me racontait que, le dimanche précédent, sa congrégation avait eu l'honneur d'avoir pour orateur, dans la chapelle dont mon fils était titulaire, le Rév. D. C. D., dont le nom avait attiré un grand nombre de fidèles, et que ses puissants sermons avaient obtenu un succès tel que ce jour resterait mémorable dans le pays.

J'ignorais absolument que le Rév. Président de T. eût l'intention de visiter Aberystwith ; j'ai donc estimé fort remarquable ce fait de coïncidence entre l'arrivée de la lettre ou il était parlé de lui et le rêve que j'achevais de faire.

Mais voici la circonstance la plus étrange et la plus remarquable. J'ai dit que, dans ce rêve, la voix du conférencier m'était inintelligible à cause d'un bruit extérieur, celui d'une musique. Or, quand j'ai fait retour à ma résidence et que mon fils est venu passer les vacances avec moi, je lui ai raconté, en détail, le rêve que j'avais fait, si curieusement coïncidant avec le contenu de sa lettre. Après avoir écouté mon récit, mon fils me dit : « Ce qu'il y a de plus bizarre dans ce songe, c'est que, le dimanche où le Rév. D. a prêché dans notre chapelle, et alors qu'il venait à peine de commencer, est passé dans la rue, derrière la chapelle, tout le cortège d'un cirque ; le bruit des voitures, des chevaux et de la foule était tel, que pendant un long temps, on n'a pas pu entendre le sermon ».

Je dois noter ce détail : bien que j'aie été une ou deux fois dans la chapelle d'Aberystwith, la salle vue dans mon rêve ne correspondait pas à celle de la chapelle. Ce qui y correspondait, c'était le bruit entendu. Il est même à remarquer que je l'entendais derrière le conférencier, et non pas derrière l'auditoire ; ce qui était conforme à la vérité. — (Suit le témoignage du fils, pour ce qui le concerne,).

La circonstance théoriquement intéressante du cas ici exposé consiste dans le fait du « rapport psychométrique » établi à petite distance de l'objet qui en a été la cause déterminante, sans aucun contact du sensitif avec le dit objet.

Quant à l'incident psychométrique par lui-même, il est évident qu'il se réduit à un phénomène de rapport télépathique survenu entre le sensitif et son fils, par l'entremise de la lettre de ce dernier ; les renseignements véridiques obtenus dans le rêve paraissent avoir été puisés dans la subconscience de l'envoyeur.

XIIe Cas

Dans cet autre épisode, que je détache de l'intéressant volume d'Edmond Duchâtel : La Vue à distance dans le Temps et dans l'Espace (page 49), le mystère du « rapport » est plus malaisé à expliquer que dans le cas précédent, car ici le sensitif révèle des événements, qui se sont produits à quelque distance de l'objet psychométré, comme si l'objet était susceptible d'accueillir les vibrations spécifiques des événements qui se succèdent dans l'ambiance où il se trouve, M. Duchâtel s'exprime ainsi que suit :

Pour donner une idée d'une consultation complète, nous transcrivons notre expérience du 13/6/09 sur une bourse de femme, conservée dans un tiroir d'armoire jusqu'en décembre 1903, date du décès de sa propriétaire, et depuis lors enfermée avec des objets étrangers dans un autre endroit.

(L'identification des faits a pu être effectuée d'une manière presque absolue) :

« Sentiments d'angoisse (réelle ou imaginaire), grand cœur mais pas de pondération ; — douleurs du côté du cœur ; — impressions de flammes, d'incendie.

« Scènes s'étant passées devant l'armoire où cette bourse était enfermée :

« Une femme d'un certain âge (35 à 40 ans) s'est évanouie devant cette armoire ; — dans cette pièce on voit aussi une scène dramatique ; deux hommes, deux ouvriers, apportent une personne blessée (probablement un militaire) ; on l'apporte pour le soigner.

« Grand portrait dans la chambre représentant un officier.

« Une porte condamnée dans la chambre, qui n'était pas condamnée auparavant

« Sensation vague d'une personne disparue après avoir souffert longtemps de la disparition d'une autre. Sensation très profonde et intime.

« En contact avec objet, une lettre bordée de deuil commençant par : « Ma chère fille » [avec des clefs).

« Cette bourse a touché longtemps une personne d'une vie intérieure intense ; — objet très fluidifié.

Sans que l'on puisse exclure la possibilité que les objets enregistrent à une courte distance les vibrations spécifiques des événements qui se sont déroulés dans le milieu où ils se trouvent, il est beaucoup plus probable dans le cas spécial dont il s'agit, que le sensitif, par l'entremise de l'objet psychométré, se soit vu mettre en rapport avec le milieu d'où provenait l'objet considéré. En effet, si, pour ce qui se rapporte aux incidents dramatiques qui se succédèrent devant l'armoire où la bourse était enfermée, il est théoriquement possible d'admettre que les vibrations spécifiques projetées, tout alentour, par ces incidents aient été enregistrées par l'éther immanent dans la bourse psychométrée, il ne pourrait pas en être de même pour d'autres révélations du sensitif, telles que l'existence dans la chambre d'un portrait d'officier et d'une porte condamnée ; deux choses inanimées et inertes, qui ne devraient donc pas émettre des vibrations spécifiques ; sans compter que l'expression de « porte condamnée » implique une information de nature purement négative, c'est-à-dire inexistante comme « fait en soi », capable d'émettre des vibrations informatrices. Par contre ces révélations elles-mêmes s'expliqueraient en admettant l'établissement du rapport entre le sensitif et le milieu d'où provenait la bourse, y compris la personne qui habitait là, probablement une parente de la décédée, propriétaire de la bourse psychométrée.

XIIIe Cas

Ces considérations, dans lesquelles il est traité de « psychométrie à distance », conduisent tout naturellement à toucher aux cas de « psychométrie d'un milieu quand le sensitif est sur place ». Les faits de cette nature sont assez fréquents dans la phénoménologie psychométrique ; il est même probable que dans la vie de chaque jour ils se réalisent plus souvent qu'on ne le croit. M. Edmond Duchâtel remarque à ce sujet :

La sensibilité de M. Phaneg est telle, qu'en entrant dans un appartement, il ressent une angoisse particulière, si cette pièces a été le théâtre d'un événement plus ou moins dramatique, mais inconnu de lui. Peut-être cette sensibilité est-elle partagée, à un degré moindre par un assez grand nombre de personnes et peut-elle servir à expliquer les peurs vagues, les malaises, et même les cauchemars que certains tempéraments sensitifs, particulièrement chez les femmes et les enfants, éprouvent dans certaines demeures, sans motifs précis.

Tout contribue à nous faire croire que ces réflexions de M. Duchâtel ont un fondement réel dans la pratique. Je me souviens que dans mon ouvrage sur Les Phénomènes de Hantise j'ai consacré un chapitre tout entier (le VIe) aux phénomènes de la « psychométrie d'ambiance », qui présente de grandes analogies avec certaines manifestations de hantise. Je n'en parlerai donc que brièvement, d'autant plus qu'au point de vue théorique, elle ne se prête guère à des considérations nouvelles et ne présente rien de nettement caractéristique.

J'extrais le cas suivant du Light (1904, page 131). Il est exposé par la percipiente elle-même, Mrs. Katerine Bâtes, auteur bien connu de plusieurs ouvrages appréciés dans les milieux spiritualistes, et qui écrit :

Depuis plusieurs années, je suis péniblement affectée par l'atmosphère psychique des chambres : c'est là un inconvénient assez grave pour moi qui voyage beaucoup et me trouve devoir dormir souvent en de nouvelles maisons.

Il m'est arrivé à plusieurs reprises d'être obligée de quitter une chambre d'hôtel, belle et confortable, pour en prendre une petite et sombre, ne pouvant pas tolérer l'atmosphère mentale ou morale laissée gravée dans l'ambiance par quelqu'un de mes prédécesseurs.

Dans mon cas, je trouve que, généralement, l'aura que j'ai perçue n'est pas celle du dernier occupant, et je ne suis pas encore parvenu à formuler une théorie satisfaisante relativement au principe sélectif par lequel ces perceptions sont déterminées. Chaque fois qu'il m'a été possible de m'assurer à qui appartenait l'aura que j'avais perçue — comme dans le cas que je vais rapporter — j'ai presque toujours constaté que les derniers occupants n'avaient laissé aucune influence perceptible pour moi, et que mes facultés psychométriques avaient déniché l'aura d'hôtes anciens, qui pourtant ne se distinguaient pas par la force de leur personnalité.

Je suis donc inclinée à croire que certaines facultés du caractère sont plus facilement enregistrables que telles autres et que ce fait tient à l'existence, dans les mêmes qualités, d'un quantitatif plus considérable de « magnétisme personnel » (j'emploie ce terme à défaut d'une expression meilleure) ; cette hypothèse est, en effet, seule capable d'expliquer, de quelque manière, ce principe sélectif, dans la perception des faits.

Quant à moi, j'ai remarqué que l'impression la plus nette et la plus inscrite que je reçois en de pareilles circonstances, provient des cas de vive sensualité. Heureusement, les sensitifs sont non moins capables de percevoir les impressions pures et élevées déposées dans les locaux ; seulement, celles-ci sont de nature beaucoup plus générique. La vérité est bien que, chaque fois que je suis parvenue à analyser psychométriquement un tempérament, cela s'est produit pas l'entremise de ses défauts plutôt que de ses qualités.

Il y a quelques années, je me trouvais en province, l'hôte d'une amie que j'appellerai Madame H, et j'avais à ma disposition une grande et très belle chambre. Dès la première nuit, je me suis péniblement rendu compte que la pièce était mystérieusement saturée de l'influence d'un homme ; ce qui me révélait cette influence, c'était une forte sensualité congénitale, en un homme qui n'était pas méchant, mais seulement faible, et littéralement à la merci des circonstances et de ses tendances héréditaires, par manque de pouvoirs inhibitoires. Plusieurs autres traits caractéristiques de son tempérament m'ont été révélés en même temps, mais je ne m'en souviens pas assez nettement pour pouvoir les décrire. L'ensemble de ces impressions a été si prononcé, que je me suis décidée à faire une enquête à ce sujet.

Mon amie avait deux fils à l'armée ; j'en connaissais un, ne présentant rien de commun avec le mystérieux occupant de ma chambre ; je n'avais jamais vu le fils aîné. Me doutant qu'il devait s'agir de lui, je demandai sous un prétexté, à mon amie, la faveur de voir la photographie de son fils, qui était alors aux Indes ; après l'avoir analysée, je me suis sentie libérée de l'anxiété morale que je ressentais, m'étant convaincue que mon énigme restait toujours à résoudre.

Mon amie avait des idées préconçues sur les facultés sur-normales de l'homme ; elle les croyait purement imaginaires. Aussi me lançait-elle des pointes ironiques au sujet de mon enquête, qu'elle appelait « l'une de mes fantaisies habituelles ». Je lui dis alors : « Maintenant que j'ai eu la preuve qu'il ne s'agit point de vos fils, je vais vous décrire en détail le caractère de l'homme qui a dormi dans la chambre que j'occupe ». Quand j'eus terminé ma description, Mme H. me regarde avec une expression de vif étonnement et, s'étant rendue dans la chambre voisine, elle en revint avec la photographie d'un monsieur qui m'était inconnu, puis me remit le document en me disant : « Je dois avouer que vous avez exactement décrit mon beau-frère. Il a effectivement occupé, à plusieurs reprises, votre chambre, bien que mes fils l'aient occupée après lui ». J'ai alors analysé la photographie en reconnaissant en elle le « type » d'homme qui s'était révélé à moi d'une manière si prononcée, par la psychométrie.

Les cas de cette sorte, dans lesquels les perceptions des sensitifs ne sont que de nature générique et se bornent à des impressions plus ou moins vagues au sujet du tempérament de l'individu ayant occupé une chambre, ne peuvent pas s'expliquer aisément par des rapports établis à distance entre le sensitif et l'individu impliqué dans l'affaire. On devrait, ici, admettre que le sensitif reçoit directement des impressions de l'« influence » laissée dans le lieu par la personne qui y a demeuré. Dans ce cas, pour se rendre compte des faits, il faudrait admettre que le mobilier, le parquet, le plancher même de la chambre, ont la vertu de recevoir et de conserver les effluves vitaux des êtres vivants, ou les vibrations psychiques correspondantes à l'activité fonctionnelle de leurs systèmes cérébraux respectifs.

XIVᵉ Cas

Et voici un autre double exemple de « psychométrie d'ambiance ». Il diffère du précédent en ce fait, que les perceptions ne parviennent pas, au sensitif, d'une ambiance fermée, telle une chambre, mais d'une ambiance ouverte, telle que la campagne, et qu'ils concernent des événements survenus il y a vingt-deux siècles.

Le récit est emprunté à un volume de voyages en Italie, de l'auteur anglais George Gissing, volume intitulé By the Ionian Sea (pages 83-85). Lorsque l'incident s'est produit, l'auteur était malade à Cotrone, la ville où Pythagore a établi son école. Vraisemblablement la fièvre a été la cause prédisposante de l'émersion temporaire de ses facultés super-normales subconscientes. G. Gissing écrit :

Je suis devenu momentanément voyant, ce qui n'a pas été sans me procurer un état de bonheur serein et réel, tel que je n'en ai jamais connu tant que j'ai été en bonne santé. Pendant que je me trouvais parfaitement éveillé et calme, j'ai eu toute une série de visions merveilleuses. J'ai vu d'abord un grand vase orné de figures splendides ; ensuite un marbre sépulcral avec des bas-reliefs d'une beauté classique parfaite. Puis les visions se développèrent en dimensions et en complexité ; j'ai contemplé des scènes de l'existence sociale, des anciens, j'ai vu des rues remplies de monde, des cortèges triomphaux et des processions religieuses, des salles de fêtes et des champs de batailles. Ce qui m'étonnait dans ces spectacles, c'est le merveilleux coloris du milieu où elles se déroulaient ; impossible de donner une idée de la splendeur qui se dégageait des choses et éclairait chaque scène ; et comment pourrais-je décrire le relief des détails de chaque image visualisée. Des choses que je ne pouvais connaître et que l'imagination n'aurait jamais pu créer, se sont présentées à moi avec une absolue réalité d'existence. Je m'étonnais souvent à la vue de certains costumes pittoresques au propos desquels je n'avais jamais rien lu, de motifs architectoniques entièrement nouveaux pour moi, de traits caractéristiques divers et insignifiants, de cette civilisation si reculée, et que je ne pouvais absolument pas avoir puisé dans les livres. Je me souviens d'une succession de visages admirablement beaux ; je me remémore aussi le sentiment de regret qui me saisissait lorsque l'un de ces figurants disparaissait peu à peu de mes yeux.

Pour donner une idée des représentations complexes qui ont défilé devant ma vue, je vais rapporter une vision historique qui, plus que toute autre, est restée fixée dans mon souvenir.

Lorsque Annibal, après la deuxième guerre punique, se transporta, avec son armée, dans le Midi de l'Italie, il fit, de Cotrone, son quartier général. Et quand, obéissant à regret aux ordres de Carthage, il abandonna l'Italie, c'est à Cotrone que s'embarqua son armée. Il avait avec lui un contingent de mercenaires italiens ; voulant les empêcher de s'engager dans les rangs de l'ennemi, il leur ordonna de l'accompagner en Afrique. Ils s'y refusèrent, et alors Annibal, les réunissant sur le rivage marin, les fit tous massacrer.

Or, je voyais la côte de Cotrone et le promontoire avec le temple, non point tels qu'ils sont actuellement, mais tels qu'ils devaient être il y a deux mille ans ; le drame des soldats massacreurs et des soldats tombés sous leurs coups se déroula dans ses moindres détails devant mon regard stupéfait. Et tout cela resplendissait dans une gloire de soleil si merveilleuse, sous un ciel transparent et tellement enchanteur, qu'à y songer seulement je me sens l'âme envahie encore par toute cette lumière et tous ces coloris.

La joie extatique de pareilles visions valait bien les dix jours de fièvre par lesquels je l'ai payée ; malgré mon ardent désir de les voir se renouveler, je n'ai plus rien éprouvé de semblable. Le soupirail par où elles s'étaient faufilées, restait fermé pour toujours. De toute façon, je croirai, je sentirai toujours que, pendant une heure, il m'a été possible de contempler les spectacles de l'ancienne vie sociale, si chère à ma pensée.

Si l'on m'objectait que mes visions ne correspondaient à rien de réel, je répondrais en demandant qu'on m'explique alors par quel miracle je suis parvenu à reconstituer, dans sa perfection la plus minutieuse et la plus intime, un monde que je ne connaissais que par ses ruines actuelles.

Comme on peut le voir, l'auteur est intimement convaincu que ses visions contenaient quelque chose de véridique. Il ne me semble pas qu'on puisse lui donner tort, en tenant compte de ce qu'il affirme au sujet des détails historiques et des motifs architectoniques, révélés à lui, pour la première fois, au cours de ces visions ; ce qui ne paraît pas facilement conciliable avec l'hypothèse hallucinatoire, et d'autant plus, si l'on rapproche ces visions d'autres visions analogues, qui pouvaient être vérifiées et qui le furent.

Touchant l'hypothèse hallucinatoire, j'observe que si, antérieurement à l'avènement des recherches métapsychiques, il paraissait justifié de l'appliquer à tout fait qui n'était pas conciliable avec la réalité connue, il n'en est plus de même aujourd'hui, maintenant qu'on a classifié tant d'exemples de fantômes télépathiques, de fantômes hanteurs, de fantômes prémonitoires incontestablement véridiques, ainsi que tant de visions dans le passé, le présent et l'avenir, à leur tour rigoureusement authentiques.

Il ne semble donc pas raisonnable de repousser absolument des expériences telles que la précédente, qui, tout en ne pouvant, être vérifiées, contiennent des éléments qu'on ne parvient pas à expliquer par d'autres hypothèses. Si l'on accueillait l'opinion de G. Gissing en admettant que ses visions constituent, selon toute vraisemblance une reproduction authentiquement psychométrique des événements auxquels elles se rapportent, il ne resterait plus alors, pour expliquer les faits, qu'avoir recours à une hypothèse précédemment énoncée : celle par laquelle on suppose que les systèmes de vibrations correspondant à l'activité des êtres vivants et de la matière inanimée sont enregistrés par un « moyen éthérique ».

Dans le volume de Mme Eisa Barker : Letters from a Living Dad Man, la personnalité médiumnique qui se communique s'exprime ainsi au sujet de l'ancienne civilisation grecque.

L'éther qui domine cette presqu'île glorieuse porte gravés, en une série ininterrompue, les souvenirs de son passé : audaces dans la pensée et audaces dans l'action. Et les souvenirs anciens sont tellement radieux, qu'ils brillent à travers la couche d'impressions depuis lors superposées sur eux.

Cette affirmation d'origine médiumnique s'identifie avec l'hypothèse que nous avons proposée, c'est-à-dire que l'éther de l'espace est le « moyen » récepteur et conservateur des vibrations correspondantes à l'activité de l'Univers. Etant donné l'existence d'une catégorie de phénomènes psychométriques avec perceptions venant de l'ambiance, il faut reconnaître qu'on ne pourrait pas imaginer une hypothèse plus convenable que celle-ci à en expliquer l'origine.

XVᵉ Cas

Je relaterai quelques faits de « psychométrie prémonitoire », assez fréquents dans cet ordre de phénomènes, en me bornant toutefois à citer trois exemples, ne soulevant pas de problèmes spéciaux au point de vue psychométrique, bien qu'ils en provoquent d'autres, formidables, en ce qui a trait à leur genèse et au problème philosophique du « libre arbitre ».

Je tire le premier exemple du Bulletin de la Société d'Etudes Psychiques de Nancy (novembre-décembre 1904), où furent insérés les résultats d'une série d'expériences entreprises avec le sensitif Phaneg, pseudonyme sous lequel se cache un écrivain français, auteur d'un ouvrage apprécié sur la « psychométrie », et l'un des principaux sensitifs avec lesquels M. Edmond Duchâtel a conduit son enquête. Madame X. rapporte ce qui suit, au sujet de son expérience personnelle :

J'ai remis à M. Phaneg un bijou que, depuis plusieurs années, je portais constamment sur moi. Aussitôt qu'il l'eut serré dans ses mains, il commença à décrire exactement le château de la duchesse d'Uzès à Bompierre, dans lequel j'avais demeuré quelques jours auparavant ; ensuite il ajouta : « J'aperçois une dame brune, couchée dans une chambre jaune : il y a, à côté d'elle, un docteur qui paraît très inquiet au sujet des conditions de santé de la patiente. Avez-vous été malade en ces derniers temps ? » J'ai répondu négativement, et alors Phaneg a conclu en disant : « S'il en est ainsi la maladie que j'ai vue doit encore venir ». Or, quinze jours après, la prédiction s'est complètement réalisée. Je suis tombée gravement malade et j'ai inspiré des inquiétudes sérieuses au docteur qui m'a soignée.

Le rédacteur du Bulletin commente ainsi ce récit :

M. Phaneg a vu le « cliché maladie » sans pouvoir l'assigner plutôt au passé qu'à l'avenir de la consultante.

On pourrait ajouter qu'il a probablement puisé l'information dans la subconscience de la dame, dont l'organisme pouvait se trouver affecté par les symptômes précurseurs de la maladie développée quinze jours après.

XVIᵉ Cas

On éprouverait plus de difficulté à résoudre le problème de précognition qu'implique le cas suivant, tiré de l'ouvrage de M. Edmond Duchâtel.- La vue dans le Temps et dans l'Espace (page 51). Il raconte :

Le 31/7/09, nous avons remis à Mme L. Faignez, alors en état de somnambulisme, un objet ayant appartenu à une dame dont nous connaissions la présence à Londres. Voici un extrait des dires de la psychomètre :

« Cette personne est à la campagne dans les montagnes ; elle est en train de marcher ; elle est dans un petit sentier ; elle rit (superficiellement) mais le fond de son cœur n'est pas gai. J'entends une dame qui voudrait lui dire « Bichette » (elle l'appelle toujours ainsi), et lui demander pourquoi elle soupire de temps en temps. La dame qui l'appelle « Bichette » n'est pas très grande et assez forte ; française ; bonne figure large, âgée de 40 ans environ » .

Nous avons contrôlé, non sans peine, les renseignements ci-dessus. Inexacts au moment de l'expérience, 31/7/09, ils se sont trouvés exacts dans les premiers jours de septembre, soit 35 jours après. La précision des descriptions, y compris l'appellation familière, ont permis l'identification de la scène ainsi décrite au présent, alors qu'elle concernait un futur assez proche.

Dans le cas ici rapporté, et au point de vue psychométrique, on devrait dire que l'objet présenté à la sensitive servit à la mettre en rapport avec la subconscience de la propriétaire ; et jusque-là, rien qui s'éloigne du processus normal de la psychométrie.

Par contre, il est bien malaisé de concevoir que la subconscience de Mme « Bichette » pouvait receler les détails d'un événement insignifiant qui devait se réaliser 35 jours après. J'ai tenté de répondre à ce formidable problème dans mon ouvrage sur Les Phénomènes Prémonitoires (Catégorie III, Sous-groupe L, page 302.) ; et comme la difficulté ne concerne pas la psychométrie, je renvoie audit ouvrage ceux qui désireraient approfondir cette énigme.

Je m'arrêterai de préférence sur un autre détail relatif à la psychométrie dans ses modalités de manifestation. On a pu remarquer que, dans les deux cas qui précèdent, les sensitifs voient, dans le présent, les événements futurs des consultants. À cause de cette particularité, qui est presque de règle dans les phénomènes dont nous nous occupons, on a ouvert et on continue à soutenir de longues discussions philosophiques pour montrer que ce fait constitue une preuve en faveur de « l'Eternel présent ». Il n'est donc pas inutile de noter que la confusion des temps chez les sensitifs tient à une cause moins transcendantale, c'est-à-dire, que dans les phénomènes de clairvoyance en général, c'est toujours le Moi intégral subconscient (ou spirituel) qui perçoit ; en ces conditions, comme il ne peut pas transmettre au Moi conscient (ou incarné) ses perceptions, parce qu'elles sont de nature spirituelle, il a recours à la forme sensorielle des images pictographiques, qui, par leur nature même, ne peuvent suggérer aucune idée de localisations dans le temps aux sensitifs. Le fait n'a donc rien de commun avec l'hypothèse inconcevable de l'Eternel présent.

En outre, il est opportun de remarquer que parfois le Moi intégral subconscient parvient à transmettre au sensitif une vague idée des localisations dans le temps, en ayant recours au système de présenter les images pictographiques plus ou moins éloignées à la vision subjective du sensitif, de manière que, quand les images se montrent plus ou moins distantes, l'indication signifie que l'événement doit s'accomplir à une date plus ou moins lointaine. Cela fait ressortir que le Moi intégral subconscient possède bien la notion des localisations dans le temps — ce qui porterait un coup sérieux à l'hypothèse de l'Eternel présent.

XVIIᵉ Cas

Il concerne une prédiction de mort en rapport avec la guerre récente ; épisode très remarquable, surtout au point de vue des problèmes troublants qu'il soulève. Je l'extrais d'une conférence de M. Edmond Duchâtel, publiée dans les Annales des Sciences Psychiques (1916, page 17). Le conférencier raconte ;

Le 8 août 1913, sur la simple présentation d'une lettre qu'elle ne regarda même pas, Mme Feignez, après m'avoir tracé exactement le portrait moral et physique de M. Raymond Raynal déclara : « qu'il mourrait avant deux ans, s'il quittait Paris, de mort accidentelle, frappé en pleine face d'un morceau de fer, et sur ou près d'un moyen de locomotion qui ne serait pas le chemin de fer. » C'est assez vague, évidemment, mais il ne : faut pas demander à la psychométrie la plus exacte le genre de précision qu'on trouve quelquefois tout au moins, dans les rapports d'un garde-champêtre.

Le 17 novembre, elle déclara, sur une nouvelle présentation d'une lettre, qu'elle avait déjà prédit la mort de ce jeune homme, qu'il n'échapperait pas à ce danger, à moins qu'on ne l'empêchât de quitter Paris ; je soupçonne le sujet d'avoir ajouté une précaution oratoire charitable, comme font les psychomètres, pour consoler un peu le monde : « Mon Dieu ! il pourrait peut-être échapper à ce danger : après tout je ne suis pas infaillible. » Elle ajouta que la mort proviendrait toujours d'un objet en fer.

Le 24 novembre, M. H. L., ami du défunt, frappé de cette voyance, alla porter à la voyante une autre lettre de M. Raymond Raynal. Elle reconnaît immédiatement au contact de la lettre la personne dont il s'agissait, en trace de nouveau le portrait exact, et malgré les dénégations voulues de M. H. L. pour l'induire en erreur, recommence la même voyance, et prédit que dans un an il serait mort, toujours de la même façon ; et sur l'assurance que M. H. L. lui donne qu'il ne pouvait quitter Paris, elle déclare qu'une force l'obligerait à quitter cette ville, qu'il serait absent un mois, et que sa mort ne serait pas connue aussitôt de façon précise, mais, qu'au bout d'un mois et demi environ, elle le serait.

Mobilisé le 4 août, M. Raymond Raynal fut tué le 5 septembre. Le 19, Mme H... alla porter à Mme Feignez la dernière lettre de M. Raymond Raynal pour avoir des détails sur sa mort, et elle obtint ceci :

« Madame Feignez m'a déclaré qu'il n'avait pas souffert un seul instant, foudroyé par une balle dans l'œil droit, que la balle n'avait pas fait qu'une seule victime, que M. Raymond Raynal ne combattait pas, mais était préoccupé d'une mission, d'un ordre à porter : il avait seulement quelques camarades auprès de lui, 2 ou 3. — 1 avait reçu quelques jours avant sa mort une carte postale de moi. — Mme Feignez ajouta : « Vous retrouverez un corps, vous retrouverez sa place ». Il ne fallait pas le chercher en plein champ, sa tombe était à la droite d'un chemin, à quelques mètres près d'une meule de paille ».

Or, M. Raymond Raynal qui était cycliste de liaison entre son Général de brigade et son Colonel, avait d'après les renseignements recueillis, sa bicyclette auprès de lui (l'instrument de transport qui n'est pas le chemin de fer ; nous retrouvons, malgré le vague de certaines descriptions, l'exactitude quand même). Raymond Raynal, au moment où il était venu retrouver son capitaine, a été foudroyé d'une balle dans l'œil droit (voilà le morceau de fer) qui, après lui avoir traversé la tête, a fracassé l'épaule de son capitaine. Il n'a pas souffert un instant (c'est exact). Mme H. ajoute : Il avait reçu de moi, entre le 4 et le 6 septembre, une carte postale, par conséquent c'est bien quelques jours avant, et j'ai retrouvé son corps à Barcy, au nord de Meaux, où je suis arrivée après avoir traversé l'eau. Il était enseveli dans la paille, sa tombe n'avait aucune marque apparente, mais à quelques centimètres du sol, au premier coup de pioche, sou livret militaire est apparu. Il reposait dans un champ, au pied d'une meule de paille.

M. Duchâtel remarque à ce sujet :

Voici un comédien tombé au champ d'honneur ! Cette mort honore une fois de plus le grand théâtre auquel il appartenait, dont il était une des espérances. Et bien ! il semble que son rôle ait été écrit à l'avance, et qu'il a été vécu après avoir été écrit.

Vous remarquerez que, entre ces deux années, il s'est passé quelque chose de beaucoup plus grave, beaucoup plus important, au point de vue général, que la mort de M. Raymond Raynal ; il s'est passé cet événement formidable dont il a été lune des premières victimes ; pas un mot n'en est dit. Et cet objet de fer, mon Dieu ! il est annoncé comme aurait pu l'être, par exemple, la projection d'un jouet d'un enfant ! Le sujet a dit : C'est un objet de fer, et il ignore la guerre ! Il a vu pourtant que, dans un délai de deux ans, cet homme tomberait, il ne savait pas qu'il tomberait au champ d'honneur ! Enfin il a fait retrouver son corps !

Est-ce que nous ne pouvons pas, là encore, nous demander, après ce nouvel exemple, emprunté précisément au monde du théâtre, si notre rôle n'est pas écrit, si nous ne vivons pas un scénario qui a été fait par quelqu'un que nous ne connaissons pas, mais un scénario dont pourtant les traces se retrouvent quelque part grâce à l'intermédiaire de sujets extraordinairement délicats et sensibles ?... Je vous demande purement et simplement si nous ne sommes pas des acteurs, si, alors que nous croyons improviser, nous ne faisons en réalité autre chose que réciter, et je vous suggère ce qui serait, dans une certaine mesure, une solution : c'est que, si réduit que fût notre libre arbitre, il n'en existerait pas moins comme existe celui du comédien. Il y a celui qui joue mal son rôle, il y a celui qui le joue honnêtement, il y a l'artiste qui y met toute son ardeur, sa flamme, son idéal, celui qui d'un tout petit bout de rôle fait une création artistique inimitable ; il y a le cabotin qui ravale les chefs-d'œuvre des plus grands penseurs au niveau de la plus banale médiocrité.

A propos de la similitude finale tracée par M. Duchâtel, je remarquerai qu'elle esquisse probablement une grande vérité. Dans mon livre sur Les Phénomènes Prémonitoires j'avais conçu dans le même sens la conciliation entre les thèses philosophiques du Libre Arbitre et de la Fatalité, considérées en rapport avec la clairvoyance dans le futur ; et voici la formule à laquelle je parvenais : « Ni Libre arbitre, ni Déterminisme absolus durant l'existence incarnée de l'esprit mais Liberté conditionnée ».

Quant au problème soulevé par le fait que la voyante a prévu la mort en guerre du consultant, tout en ignorant la guerre, je remarquerai que ces formes de lacunes si mystérieuses constituent la règle en toutes les manifestations de la clairvoyance dans le futur : le sensitif prévoit bien les vicissitudes auxquelles sera personnellement sujet un individu, mais il ignore presque toujours les événements futurs d'ordre général, tels que les guerres, les révolutions, les cataclysmes. L'explication du problème devrait être cherchée dans le fait que dans la presque totalité des cas, les voyants puisent leurs perceptions du Moi intégral subconscient du consultant, ce qui fait que, logiquement, ils ne devraient percevoir — et ils ne perçoivent en effet — que les événements strictement liés à l'existence personnelle de cet individu ; restent exclus de leur orbite de visualisation les événements d'ordre général, même quand ils forment une partie intégrante dans l'avenir du consultant, en qualité de causes.

Jusque-là le mystère serait assez susceptible d'être éclairci. Seulement, le fait même d'admettre que les sensitifs puisent leurs perceptions dans la subconscience du consultant porte nécessairement à se demander comment les données révélatrices des événements futurs peuvent exister dans la subconscience de cet individu. A cela j'ai répondu déjà dans mon ouvrage sur Les Phénomènes Prémonitoires (page 119 et suivantes) ; il me suffira de remarquer ici que la seule hypothèse capable d'expliquer le mystère serait celle de la « réincarnation ». On devrait dire alors que si l'existence terrestre ne représente qu'un maillon d'un enchaînement indéfini de vies successives ; et si l'esprit, au moment de se réincarner, fixe lui-même — dans un but d'expiation, d'épreuve, de perfectionnement spirituel — les événements cardinaux, et la durée de la nouvelle existence incarnée (événements qui s'effaceraient de sa mémoire physiologique avec l'entrée dans la vie, mais qui resteraient enregistrés dans la subconscience, d'où ils émergeraient à un certain moment et se réaliseraient grâce à un procédé analogue à celui par lequel se réalisent les suggestions posthypnotiques) ; s'il en est ainsi, alors on comprendrait comment le voyant peut parfois les découvrir télépathiquement dans les cachettes de sa propre subconscience, ou dans celle des autres. En même temps, les événements en question, qui sembleraient auparavant le résultat d'une fatalité aveugle, apparaîtraient, ainsi, des actes librement voulus.

Malheureusement, l'explication « réincarnationniste » n'empêche pas que le problème fataliste reparaisse sous une forme différente. Si le Moi spirituel de Raymond Raynal avait fixé pour lui-même la mort violente du soldat en bataille, il faudrait en conclure que la guerre mondiale était inexorablement décidée d'avance. Et nous voilà retombant dans le problème formidable de l'existence d'une fatalité dominant les directives des peuples. Je remarquerai à ce sujet qu'en face des phénomènes incontestables de la clairvoyance dans l'avenir, il n'est guère possible de se refuser ultérieurement à admettre l'existence d'une fatalité gouvernant le Monde, au moins dans ses grandes lignes directives ; admission qui ne serait pas uniquement inévitable, mais présenterait un aspect philosophique réconfortant, puisqu'elle impliquerait l'existence d'Entités Spirituelles préposées au gouvernement de l'humanité, et par conséquent, prouverait l'existence de Dieu et la survivance de l'âme. Les anciens Romains disaient : Si Divinatio est, Dii sunt ; et cette conclusion paraît aujourd'hui encore incontestable.

Il resterait à résoudre un problème, engendré par celui qui précède ; problème concernant la question morale de l'existence d'Entités Spirituelles qui permettraient ou prépareraient le déchaînement d'épouvantables cataclysmes de sang, analogues à celui auquel nous venons d'assister il y a peu d'années. Cette grave proposition s'identifie avec celle de l'existence du Mal, une question que, depuis des milliers d'années, toutes les philosophies s'efforcent inutilement d'élucider. Je me bornerai, à ce propos, à transcrire une phrase du docteur Geley : « L'existence du Mal est la mesure de l'infériorité des Mondes ». Je pense que cette sentence contient la meilleure définition qu'un esprit humain puisse formuler sur ce problème, car personne ne songera à contester que le nôtre est un monde inférieur où la dure discipline du Mal est encore nécessaire pour l'élévation spirituelle de l'homme, ainsi que l'attestent d'ailleurs l'histoire et la psychologie des peuples. Il est assuré que, si le Mal n'existait pas dans notre monde, on ne comprendrait pas le Bien ; il est certain que l'histoire nous fait apprécier que le Mal, sous toutes ses formes, constitue un instrument indispensable pour le progrès de l'humanité ; il est hors de doute, finalement, que quand un peuple est parvenu au sommet de la puissance et de la richesse — ce qui constitue pour nous le plus grand Bien — il ne tarde guère à se corrompre, il raille la vertu, dégénère, et entre en pleine période de décadence. Il est donc permis d'affirmer sans crainte d'erreur que le Mal est le stimulant régénérateur qui ramène au chemin de la vertu, de l'abnégation, du progrès l'humanité récalcitrante ; en d'autres termes, le Mal est le Bien que nous ne connaissons pas. Socrate, apprenant sa condamnation à mort, adressa à ses juges ces paroles mémorables :

Cette voix prophétique du Démon, qui n'a pas cessé de se faire entendre à moi dans toute la durée de ma vie, et qui, dans les moindres occasions, n'a jamais cessé de me détourner de ce qui aurait été un mal pour moi, aujourd'hui que m'arrivent des choses qu'on devrait considérer comme le pire des maux, aujourd'hui ce Dieu se tait... Pourquoi cela ? Voici : C'est que ce qui m'arrive est, paraît-il, un Bien. Nous nous trompons donc en pensant que la mort soit un mal.

XVIIIᵉ Cas

J'ajoute ici un épisode prémonitoire, se rapportant lui aussi à la guerre et contenant des passages intéressants dans le sens des hypothèses réincarnationiste et fataliste. Il provient d'un ouvrage publié dernièrement en Angleterre sous le titre : Poems of Claude L. Penrose, with a biographical Préface, un volume édité pour perpétuer le souvenir d'un jeune homme de 23 ans, d'un grand talent et d'un haut caractère, mort en combattant en France. Le livre contient des vers de ce jeune homme et sa biographie. Claude L. Penrose était fils d'une femme de lettres bien connue dans le Royaume-Uni, Mrs. H. Penrose, auteur de romans et de contes où, entre autres, elle analyse avec une géniale intuition le caractère de son fils, depuis son enfance.

Dans l'étude biographique dont la mère fait précéder les poèmes du jeune homme, on lit un épisode très remarquable de psychométrie prémonitoire, et que voici :

Le 18 juillet 1918, Mr. L. P.. un ami de famille, informait Mme Penrose d'avoir fait la connaissance d'une femme, exerçant la profession de couturière, qui était douée de facultés exceptionnelles de clairvoyance. Mme Penrose, à titre expérimental, remettait à M. L. P. des vers de Clough copiés par son fils, et M. L. P. les transmettait à la clairvoyante. Cette dernière, fort occupée, négligea de s'en occuper pendant plusieurs semaines ; ce n'est qu'à la date du 15 juillet qu'elle envoya à M. L. P. une lettre contenant les résultats de son expérience psychométrique, lettre qui, par suite de différentes circonstances, ne fut remise à M, L. P. que le 31 juillet. De toute façon, la lettre était entre les mains de ce monsieur plusieurs heures avant que Claude Penrose ne fût blessé au front français. Dans ce document, la clairvoyante s'exprimait ainsi :

« J'ai l'impression que ces vers ont été copiés par un jeune homme d'environ vingt-cinq ans, fils unique, doué d'un talent bien supérieur à son âge. Je sens qu'il appartient à un degré très élevé de l'échelle humaine. Il est aussi un grand caractère ; il est militaire : officier de carrière ; il doit s'occuper surtout d'artillerie. S'il lui était permis de vivre, il accomplirait une carrière très brillante ; malheureusement, si à cette heure-ci, il n'est pas encore mort, cela ne tardera certainement pas, car il n'a plus rien à faire en ce monde. Il sera blessé grièvement et mourra peu après. Dites à sa mère qu'il n'a pas souffert, et que le papier que j'ai entre les mains me permet de voir d'une manière nette et sûre qu'il se trouve bien ».

Les faits ne tardèrent pas à confirmer les révélations de la sensitive. Claude Penrose fut blessé mortellement dans l'après midi du jour où la lettre fut remise à M. L. P. ; le lendemain il décédait, sans souffrances. Lorsque la mère apprit l'affreuse nouvelle, et alors qu'elle invoquait, en sanglotant, livrée au désespoir, un signe propre à lui montrer que l'esprit de son fils ne s'était pas éteint en même temps que le corps périssait, elle reçut le réconfort attendu sous la forme de cette lettre de la sensitive, lettre qu'elle accueillit comme le « signe » imploré par elle.

Tels sont les faits. Nous attirons tout spécialement l'attention sur la phrase : « S'il lui était permis de vivre, il accomplirait une carrière très brillante ; malheureusement, si à cette heure il n'est pas encore mort, cela ne tardera certainement pas, car il n'a plus rien à faire en ce monde ». Cette dernière observation rappelle la sentence antique du poète grec Ménandre : « Ceux qui meurent jeunes sont chers aux Dieux », sentence qui concorde avec la doctrine réincarnationiste, selon laquelle une mort prématurée laisserait supposer qu'un individu a déjà assez progressé pour être à même d'abréger la durée de son apprentissage dans l'évolution ascendante des vies successives ; et dans le cas des enfants morts en âge tout à fait tendre, pour être à même de supprimer une épreuve, en traversant la vie dans le seul but de se revêtir des éléments fluidiques indispensables au « corps astral » désireux de se préparera la réincarnation suivante. Au point de vue fataliste, même dans ce cas comme dans le précédent, il est bon de remarquer que, si l'esprit de Claude Penrose, en son existence prénatale, avait déterminé pour lui la mort sur le champ de bataille, ce fait signifierait que la guerre mondiale était pré-entendue, avec toutes les conséquences qui en devaient résulter, dans le sens d'une fatalité appliquée aux directives de l'histoire des peuples.

XIXe Cas

Je terminerai par l'exposé de quelques cas où l'analyse des faits laisse apparaître que l'objet psychométré sert parfois à mettre le sensitif en rapport avec l'entité spirituelle du décédé, qui fut propriétaire de l'objet.

Ainsi que je l'ai déjà fait observer, cette hypothèse n'est que la « prémisse mineure » d'un syllogisme dont la « prémisse majeure » est une vérité démontrée ; c'est-à-dire que, si l'« influence » laissée sur les objets par un vivant a le pouvoir de mettre en rapport le sensitif avec la subconscience du vivant en question, alors l' « influence » laissée sur les objets par un décédé devrait avoir le pouvoir de mettre en rapport le sensitif avec l'esprit du décédé.

En outre, et conformément à ce qu'affirment les personnalités médiumniques, l'objet présenté à un médium présenterait d'autres particularités, outre la principale, qui est celle d'établir le rapport entre le médium et le défunt ; c'est-à-dire qu'il servirait à attirer l'esprit du décédé ; il contribuerait à stimuler les associations mnémoniques au moment de la communication (acte qui implique toujours un procédé perturbateur, puisque l'esprit est obligé de penser avec le cerveau d'un autre,) ; il aurait pour effet de lui conférer la vigueur qui lui est nécessaire afin de rester en rapport avec le médium, et ceci en conséquence de la nature « vitalisante » du fluide contenu dans l'objet ; enfin, il empêcherait que l'esprit soit télépathiquement influencé par d'autres esprits voisins, ou par les personnes présentes à la séance.

Ce sont là les affirmations concordantes des personnalités médiumniques qui se manifestèrent avec les médiums tels que Mesdames Piper, Thompson et Chenoweth.

Dans le cas admirable d'identification du jeune homme décédé « Bennie Junot » (Piper), celui-ci s'adresse à son père en lui disant : « Papa, te souviens-tu de mon album d'épreuves photographiques ? » —.Le père répond : « Oui, Bennie, je m'en souviens fort bien ». — Et Bennie : « Eh bien ! prends-le et mets-le sur la table de ma chambre ; assoie-toi à côté de lui, avec maman, en songeant à moi. L'album servira à m'attirer à vous et à m'aider à me communiquer ». (Proceedings of the S. P. R., vol. XXIV, page 402). — Et plus loin : « Quand on emporte les objets qui m'appartiennent, je me sens tout aussitôt désorienté et confus ». (Page 582).

Après ces quelques considérations destinées à éclaircir le sujet je passe à l'exposé des cas.

Je prends le fait suivant dans le Light (1910. page 133). Le général Joseph Peters, de Munich, rapporte en ces termes une expérience qu'il eut avec le médium M. Alfred Vout Peters :

J'ai remis au médium un petit médaillon ayant appartenu à ma sœur décédée. Lorsque je vis Peters le porter à son front, je songeai involontairement à ma sœur et, je m'attendais à ce qu'il me parlât d'elle. Il commença, au contraire, à décrire ma mère, en disant la voir à mon côté et qu'elle lui montrait deux photographies, dont il donna une description minutieuse.

Je me rappelai que, plusieurs années auparavant, j'avais glissé dans un portefeuille deux photographies analogues à celles qui m'étaient décrites, mais je ne pouvais me souvenir des détails. Je remarquai, quoiqu'il en fut, que la description qui m'en avait été rapportée ne concordait nullement avec les portraits de mes parents appendus dans le salon. Aussitôt rentré chez moi, je recherchai les photos et je constatai, à mon grand étonnement, que le médium les avait décrites d'une manière très exacte. Sa vision clairvoyante avait dû être très nette, puisqu'il décrivit la façon de s'habiller de mes parents, leur coiffure, la position de leurs mains, en révélant même des détails insignifiants, tels que le rideau qui servait d'écran dans l'une des deux photos.

Plus tard, je suis parvenu à m'expliquer la cause pour laquelle le médium n'était pas entré en rapport avec ma sœur décédée. Il fut reconnu en effet que le médaillon remis entre ses mains était constitué avec des pendants d'oreilles portées jadis par ma mère. Ma sœur avait eu l'idée, depuis, de les transformer en médaillon ; mais ensuite elle ne les porta jamais.

En ce premier cas, on ne pourrait certainement pas exclure l'hypothèse que le médium ait puisé, dans la subconscience du consultant, les détails révélés. Néanmoins, la circonstance que celui-ci se proposait d'entrer en rapport avec sa sœur, en ignorant que le médaillon ne contenait pas des associations fluidiques avec elle, rend bien plus vraisemblable l'hypothèse que l' « influence » de la mère, contenue dans l'objet, servit à établir le rapport psychométrique du médium avec l'esprit de cette dame décédée.

Et cet esprit qui montre au médium deux vieilles photographies oubliées par le fils indiquerait bien son intention de fournir une preuve de sa présence réelle, conformément aux désirs du fils, qui avait été chez le médium dans l'espoir d'obtenir quelque valable preuve d'identification spirite.

XXᵉ Cas

Publié par le Journal of the S. P. H. (Vol. IV, p. 8). Madame M. A. Garstin communique l'incident personnel suivant :

Un cas étrange d'identification spirite m'est arrivé, sans que je l'aie cherché, il y a dix ans, quand je suis venue me fixer à Colorado Springs. La dame chez laquelle j'avais pris pension était spirite, et, un soir, elle m'invita à une séance privée chez un ami.

Etrangère à la ville, j'étais absolument inconnue de toutes les personnes composant ce cercle d'expérimentation. Peu après le commencement de la séance, une dame passa dans la condition de possession médiumnique, mais elle semblait incapable de s'exprimer. Malgré cette gêne, on comprenait, par les signes qu'elle faisait, que la personnalité présente désirait parler à l' « étrangère ». Je m'efforçais de l'identifier en observant cette mimique, mais en vain. Enfin le médium se prit à imiter les mouvements d'une personne qui fait de la dentelle au coussin. Alors je me souvins, tout à coup, d'une femme cingalaise que j'avais connue plusieurs années auparavant et j'en prononçai le nom. Aussitôt le médium glissa de sa chaise, se prosterna à mes pieds et, me baisant la main à plusieurs reprises, m'exprima, dans l'anglais incorrect qu'employait la femme cingalaiso, sa grande joie d'être parvenue à me témoigner sa reconnaissance, une fois encore. Il ne faut pas oublier que le médium était une Américaine, dont la position aux pieds d'une Anglaise n'était pas conforme aux sentiments nationaux. Ne perdons pas non plus de vue ce qu'avait eu d'inattendu pour moi cette manifestation, car depuis une vingtaine d'années, je ne songeais plus à la pauvre Loko-rainy.

Rentrant chez moi, je m'aperçus que je portais sur moi une pièce de dentelle faite au coussin par la femme cingalaise qui s'était manifestée pendant la séance ! Serait-il donc vrai que ce fragment de dentelle ait servi de trait d'union ? (Signé : M. A. Garstin).

On ne pourrait que répondre affirmativement à la question finale posée par Mme Garstin ; sans aucun doute, la dentelle a été l'agent psychométrique provocateur du phénomène de « rapport ». Le problème à résoudre reste celui qui a déjà été soulevé pour le cas précédent ; savoir : si le « rapport » s'est établi avec la subconscience de Mme Garstin, ou bien avec l'esprit de la femme cingalaise.

Je ferai remarquer à ce sujet que l'on observe, dans l'attitude de la personnalité médiumnique, des détails difficilement explicables par l'hypothèse subconsciente ; par exemple, la circonstance que la personnalité intervenant « s'exprime dans l'anglais incorrect jadis employé par la femme cingalaise, durant sa vie » — circonstance qui constitue une bonne preuve d'identité personnelle. Son attitude servile, témoignée par le fait de se prosterner aux pieds de la dame et de lui baiser la main, — conformément à l'usage des classes humbles de l'Inde dans leurs rapports avec les Européens, — est, somme toute, une autre bonne preuve d'identité personnelle, si l'on tient compte que le médium, ignorant les usages hindous, n'a pu s'y conformer sans être influencé en ce sens par l'Entité cingalaise qui disait être présente.

XXIe Cas

Extrait du Light (1914, p. 32). Miss Edith Harper fait ce récit en parlant des résultats obtenus au cours des premières années de fonctionnement du fameux Bureau médiumnique institué par William Stead. Parmi les cas de nature psychométrique, elle rappelle le suivant :

Un monsieur expédia de l'Inde un porte-plume de bois, en expliquant que l'objet appartenait à son fils décédé. L'expéditeur désirait entrer en rapport avec le décédé, si possible.

Le sensitif, Mr. Robert King, ignorant tout de la provenance de l'objet, prit en main le porte-plume et aussitôt décrivit un enfant dont il traça un portrait minutieux. L'esprit de l'enfant confia ensuite au sensitif un court message à transmettre au consultant, qui — ajouta Mr. King — est étroitement lié avec le décédé. Après quoi, le sensitif dit : « Je me sens envahi par une influence et je perçois nettement une voix qui répète avec insistance un mot, dont la transcription phonique est : Shanti.

On envoya le rapport au père dans l'Inde. Il répondit par retour de courrier, remerciant vivement, et déclarant qu'il ne lui restait aucun doute sur le fait que la communication envoyée provenait de son fils ; et d'abord, parce que le décédé était effectivement un enfant : et ensuite, parce que la description faite du défunt par le médium correspondait merveilleusement avec la vérité ; et enfin, parce que le mot Shanti — signifiant : « La paix soit avec toi » — était le mot par lequel l'enfant saluait son père, chaque matin.

Dans ce cas, la circonstance théoriquement importante est constituée par le dernier incident, où le médium perçoit une voix répétant un mot exotique, qu'il rend phonétiquement — mot que l'on constate ensuite être la salutation matinale adressée autrefois, par l'enfant décédé, à son père. Cet incident réalise une excellente preuve d'identification spirite. Sans doute, on pourrait objecter que le rapport psychométrique s'est établi entre le médium, à Londres, et le consultant, dans l'Inde, et que par conséquent, le médium a puisé ses renseignements dans la conscience de ce dernier. Je ferai apprécier toutefois que, dans l'interprétation des phénomènes psychométriques, il n'est pas facile de s'écarter des règles qui les régissent. Or, l'une de ces règles nous apprend que, quand le sensitif entre en rapport avec le possesseur de l'objet psychométré, il commence par décrire l'individu avec lequel il se trouve en rapport, il peut en venir ensuite à dévoiler les événements de sa vie, y compris le milieu dans lequel il se trouvait. Et quand l'objet a été employé par différentes personnes, il perçoit, parmi les différentes « influences », celle qui, en conséquence de la loi d'affinité, est plus active pour lui, alors qu'il ignore les autres, ou ne reçoit d'elles que des impressions secondaires, suscitatrices de confusions et d'erreurs.

Il résulte que si, dans le cas ici envisagé, le sensitif avait perçu sur le porte-plume l'« influence » du consultant, ou était entré en rapport avec lui, il aurait commencé par décrire sa personne, pour en révéler ensuite les vicissitudes privées et le milieu dans lequel il vivait. Or, rien de semblable ne s'étant produit, il faut nécessairement en conclure que l'objet ne contenait pas l' « influence » du père et que, par conséquent, le sensitif ne pouvait entrer en rapport avec lui. Par contre, il est logique de dire que l'objet, saturé de l'influence » du fils, a déterminé le rapport psychométrique du sensitif avec le défunt ; c'est d'ailleurs ce qui ressort des faits, le sensitif ayant décrit le fils, et non le père. J'attire enfin l'attention sur ce point : il serait psychométriquement absurde et insoutenable d'imaginer que le rapport puisse s'établir avec des individus dont l' « influence » n'existe pas sur l'objet psychométré.

XXIIᵉ Cas

Paru dans le Light (1912, p. 551). Madame J. L. C, exerçant la profession de nurse (infirmière diplômée), communique à cette Revue un cas intéressant, qui lui est personnel. Etant donné sa profession, elle ne désire pas que son nom soit publié ; mais il est connu de la Direction du Light. Elle écrit :

J'exerce la profession de nurse. Il y a huit ans, ayant besoin de repos, j'ai accepté l'hospitalité d'une dame âgée, très vive et intelligente, qui désirait une compagne avec laquelle passer quelques heures de la journée ; nous n'avons pas tardé à devenir de grandes amies. Je suis une sensitive, mais, à cause de ma profession, j'ai toujours jugé prudent de ne pas m'occuper de recherches médiumniques. Mon amie, tout en n'ayant pas de facultés psychiques, s'intéressait sereinement, mais profondément, à ces études. On en causait donc beaucoup : nous avons fini par nous promettre mutuellement que celle de nous deux qui mourrait la première, reviendrait pour communiquer avec l'autre, si Dieu le permettait.

Dans ce temps-là, j'ai acheté, chez un antiquaire, un collier assez curieux. Il n'avait pas grande valeur marchande, puisqu'il était composé de treize petits globules de cuivre argenté, et de treize boules de la même grosseur, en fausses améthystes. Mme Hope admira extraordinairement ce collier et se mit à le porter constamment, en me disant qu'elle ne me le rendrait jamais...

A quelque temps de là, il m'est arrivé de devoir quitter Londres pour exercer ma profession en province ; je ne pouvais voir que rarement Mme Hope. En rentrant à Londres j'ai bien été une fois la voir, mais elle était à son tour absente. Notre correspondance même était devenue de plus en plus rare. Notre amitié ne se refroidissait pas, mais j'avais trop de devoirs à accomplir pour consacrer du temps à écrire.

Un jour, l'une de mes amies me mène chez un sensitif psychomètre, appelé Ronald Brailey. J'y suis très impressionnée par ce que j'y entends, et j'y retourne plusieurs fois. Un soir de mai 1910., je présente au sensitif mon collier, qui semble l'intéresser vivement. Il me dit qu'il s'agit d'un objet très ancien, contenant des influences hindoues. Puis il annonce qu'il perçoit l'influence d'une vieille dame, et qu'il la voit devant lui ; il me demande alors si je la connais. Je ne songeais pas à Mme Hope à ce moment-là ; aussi, répondais-je constamment à toutes ses descriptions : « Non, non ; je le regrette, mais je ne la reconnais pas ».

Le sensitif répétait : « Il est certain qu'il s'agit d'une dame que vous avez beaucoup aimée et qui avait pour vous les mêmes sentiments ». Il savait que la dame était morte dix-huit mois auparavant, ou tout au plus depuis deux ans. Et je continuais à déclarer que je ne la connaissais pas ! Alors il prit une feuille de papier, dessina rapidement une figure de vieille dame et me remit. C'était une reproduction parfaite de mon amie Mme Hope ; meilleure encore que les photographies qui restaient d'elle, et dans lesquelles elle n'a jamais été bien prise. C'étaient bien ses traits, sa manière caractéristique de se coiffer, sa façon de porter son petit châle. Je souffre de faiblesse de cœur, et il s'en est fallu de peu que je ne me trouvasse mal. « Mais elle n'est pas morte ! » me suis-je écriée. Le sensitif a répondu doucement : « Je sais malheureusement, qu'elle n'est plus avec nous ». Il a ajouté qu'elle était morte plutôt subitement, peut-être d'apoplexie, et qu'au moment de son trépas, elle avait déjà perdu connaissance.

Aussitôt que cela me fut possible, je me rendis à Kew, en demandant de ses nouvelles dans la maison qu'elle avait habitée ; la dame qui y résidait me dit alors que mon amie était décédée dix-huit mois auparavant. Cette confirmation me bouleversa profondément ; j'étais désolée de ne pas m'être trouvée à son lit de mort.

Je me suis rendue ensuite chez le docteur qui l'avait soignée et lui ai demandé des renseignements. Il m'a dit qu'au cours de ses derniers mois de vie, elle avait beaucoup baissé, ce qui ne pouvait que l'inquiéter, puisqu'il s'agissait d'une dame presque octogénaire. Elle avait été frappée ensuite par une attaque d'apoplexie ; depuis ce moment, elle avait perdu l'usage de la parole ; elle était restée dans cet état jusqu'à la mort, qui s'est produite quelques jours après. Le docteur a ajouté que les derniers moments de la patiente avaient été pénibles pour les personnes qui l'assistaient, parce qu'elle avait quelque chose à dire et semblait réclamer quelqu'un ; mais on n'est pas parvenu à la comprendre. Je lui fis voir le croquis au crayon dont j'ai parlé, en disant qu'il avait été exécuté de mémoire par un de ses amis. Il le regarde un instant attentivement et dit ensuite que c'était la ressemblance même ; seulement, Mme Hope y paraissait beaucoup plus jeune...

Telle est la vérité scrupuleuse au sujet du cas du collier et de mon amie... Je ne suis pas spirite, et je conserve en présence de ces questions, un état d'âme qui n'est ni la conviction ni l'incrédulité.

Dans le cas que nous venons de rapporter, l'interprétation spirite des faits ressort nettement et incontestablement de la circonstance que la consultante ignorait la mort de son amie, circonstance qui exclut l'hypothèse psychométrico subconsciente, selon laquelle le sensitif aurait puisé télépathiquement de la consultante les détails qu'il a fournis au sujet de Mme Hope. Il faut donc avoir recours à l'hypothèse psychométrico spirite, selon laquelle l'influence de la morte, conservée dans le collier, aurait servi à établir le rapport entre le sensitif et l'esprit de la dame décédée, et en même temps, aurait contribué à attirer à la séance l'esprit en question, conformément à ce qu'affirment les personnalités médiumniques relativement à l'efficacité multiforme de l'influence restée dans les objets. Il ne faut d'ailleurs pas oublier que les deux amies s'étaient fait la promesse que la première à mourir se manifesterait à la survivante ; promesse que Mme Hope s'est évidemment efforcée d'accomplir.

XXIIIe Cas

On peut le lire dans le Light (1909, p. 32). — Mr W. Kensett Styles, dont on a déjà cité un épisode intéressant dû à ses facultés psychométriques, relate le cas suivant qui s'est réalisé par l'entremise d'un autre sensitif. Il écrit :

L'un des meilleurs amis du temps de mon adolescence, mort soudainement d'une maladie mystérieuse, m'a été décrit à plusieurs reprises par des médiums différents. Je me souviens plus spécialement d'une de ces circonstances : un sensitif qui psychométrait mon portefeuille l'a vu devant lui et en a donné une description parfaite ; après quoi il a ajouté que mon ami me demandait si je me souvenais du jour où, de la lucarne d'une ferme, nous avions lancé sur des porcs qui étaient dans la cour, un grand nombre de pommes pourries, en reconnaissant qu'au cours de cet exploit je m'étais montré tireur bien plus habile que lui. Aussitôt me suis-je rappelé que, la dernière fois que nous nous sommes trouvés ensemble dans l'ancienne maison de campagne, nous sommes montés effectivement aux combles de la ferme, ou l'on gardait les pommes pour les faire sécher, et que nous nous sommes mis à lancer des pommes avariées sur les cochons. Il ne s'agissait point là d'un passe temps très intellectuel, et j'étais loin de m'imaginer alors que, six mois après, mon ami aurait franchi la frontière d'où l'on ne revient pas, bien qu'il soit possible d'établir des communications télégraphiques, ou pour mieux dire, télépathiques, avec ceux qui l'ont franchie ; comme j'étais loin de penser que ce passe-temps m'aurait fourni un jour une preuve convaincante de la survivance de la personnalité humaine et de l'intérêt que continuent à montrer les défunts pour les amis qui leur ont survécu.

Maintenant, il me faut ajouter sincèrement que l'esprit m'a demandé aussi si je ne me souvenais pas du jour où, en patinant ensemble sur la glace avec trop d'ardeur, nous avons fini par faire tous les deux la culbute, incident qui nous avait procuré une bonne semonce paternelle. Or, rien de semblable ne m'était arrivé personnellement ; mais quelques mois après, j'ai appris des parents de mon jeune ami que l'incident était réellement arrivé à ce dernier, mais quand il patinait avec son frère ; il est donc clair qu'il m'avait confondu avec lui.

Dans le récit qu'on vient de lire, le premier incident véridique de souvenirs juvéniles, encore que très remarquable, est théoriquement bien moins important que le deuxième incident de réminiscence erronée. En effet, si les informations obtenues avaient eu une origine subconsciente, ou, en d'autres termes, si le psychomètre les avait puisées télépathiquement dans la subconscience du consultant, alors on pourrait se rendre compte du premier incident véridique, mais non pas du deuxième, étant donné que le sensitif n'aurait jamais pu extraire de la subconscience du consultant un incident dont il ne pouvait y avoir aucune trace, puisqu'il ne se rapportait pas au consultant, qui l'avait toujours ignoré. D'où pouvait donc le tirer le sensitif ? Cette question s'impose, car, s'il est vrai que l'incident ne se rapportait pas au consultant, il est non moins vrai qu'il concernait l'entité qui affirmait sa présence. Or il n'est possible de répondre à cette interrogation sans admettre la présence réelle du défunt ; en ce cas l'erreur de souvenir dans lequel il était tombé, en confondant l'ami avec son frère, serait de nature à être comprise et justifiée entièrement ; nous commettons tous de ces confusions mnémoniques, quand il s'agit de souvenirs lointains et sans importance.

XXIVᵉ Cas

L'ouvrage de M. J. Arthur Hill : Psychical Investigation contient ce cas,, que je reproduis d'après le résumé très étendu qu'en a publié M. A. Bayfield dans le Journal of the S. P. R., (1917, p 85). Le voici :

Une dame amie de M. Hill mourait le 3 novembre 1915. Le 8 de ce même mois, on présenta à un médium quelques objets qui appartenaient à la décédée, mais sans résultat ; il a été expliqué alors que la morte « dormait encore du sommeil régénérateur qui succède au trépas ». Le lendemain, on obtint « un détail assez Probant dans un court message », détail qui était toute-fois accompagné « de plusieurs autres renseignements inexacts ». Le 11, les mêmes objets ont été présentés à Londres, à un autre médium, qui ne connaissait pas M. Hill ; ils furent d'ailleurs présentés par une dame qui fne connaissait pas la décédée ». Le médium, qui ignorait la mort de la propriétaire des objets, remarqua « qu'il craignait que ce fut trop tôt pour communiquer avec la morte » ; on n'a obtenu aucun résultat utile. Deux autres tentatives furent faites par M. Hill le 25 novembre et le 2 mars 1916 ; mais avec des résultats tout aussi négatifs.

Enfin, le 19 avril 1916, il obtint avec le médium Wilkinson « les premières et importantes preuves d'identité et d'initiative personnelle de son amie décédée ».

M. Hill remarque :

Si la psychométrie n'était autre chose que la lecture de traces gravées, d'une façon quelconque, sur un objet, les sensitifs auraient dû se montrer capables de lire et interpréter les traces en question, dès la première fois ; et même mieux alors qu'ensuite, ces traces étant à ce moment plus récentes. Il s'ensuit que l'insuccès des premières preuves et leur amélioration graduelle à mesure que le temps passait, semble bien un indice (je n'ose pas encore aller jusqu'à l'appeler une preuve), que les communications dépendent de l'existence réelle et de l'activité de la personnalité survivante, avec laquelle l'objet psychométré aurait la vertu d'établir le rapport, et non pas par effet de l' « influence » restée dans l'objet.

Ces considérations de M. Hill sont incontestablement de nature rationnelle et convaincante, puisque, avant d'obtenir un message véridique de la décédée, il y eut quatre tentatives manquées dans l'espace de cinq mois et demi. Ces insuccès ne peuvent pas s'expliquer de la même façon que tant d'autre insuccès, dans lesquels le médium, désorienté et confus, transmet des messages non concluants d'origine subconsciente. Ici, au contraire, les sensitifs ne se confondirent pas, ne transmirent aucun message, mais, après avoir déclaré se trouver en rapport avec l'esprit d'une dame décédée, se déclarèrent unanimement incapables de fournir les renseignements qu'on obtient généralement dans ces circonstances. Cette concordance négative entre les sensitifs a une importance théorique, car on ne pourrait l'expliquer autrement qu'en accueillant les explications des sensitifs, c'est-à-dire que « la décédée dormait encore du sommeil réparateur qui succède à la mort », explication qui est d'ailleurs conforme à ce qu'affirment constamment les personnalités médiumniques. Néanmoins, selon ces dernières, la durée du sommeil réparateur ne se prolongerait pendant des mois et des années qu'en des circonstances spéciales ; dans la majorité des cas, il ne dépasse guère quelques minutes, ou quelques heures.

XXVe Cas

Publié par le Directeur du Light dans sa Revue (1920, page 163). Au point de vue psychométrique, ce cas contient une circonstance curieuse : il se combine d'une manière inaccoutumée avec la « vision dans le cristal », en ce sens qu'en même temps que la voyante, dont il s'agit, le consultant doit tenir le cristal entre ses mains durant quelques minutes, afin de le saturer de sa propre « influence », sans quoi il n'obtiendrait point des manifestations se rapportant à lui.

Voici comment le Directeur du Light relate son expérience.

Plusieurs lecteurs du Light ont probablement entendu parler d'une dame qui, sans être un médium professionnel, ni s'intéresser particulièrement au mouvement Spiritualiste, possède la faculté étrange de percevoir des visions dans le cristal, en les rendant objectives et visibles pour tous les assistants. Sir Arthur Conan Doyle s'est déjà occupé de ce cas intéressant, ayant été chez la sensitive avec le Directeur d'un grand journal de Londres et un artiste dramatique, qui tous perçurent les visions en même temps que la sensitive.

L'autre soir, j'ai assisté à une démonstration de cet étrange pouvoir au British Collège of Psychic Science. Il y avait sept autres personnes présentes, y compris M. et Mme Mac Kenzie, respectivement Directeur et Secrétaire du Collège,

Lorsque mon tour fut arrivé, Mme Nemo (j'appelle ainsi le médium au cristal), m'a passé la boule que j'ai gardée entre mes mains pendant quelques minutes avant de la lui rendre. Après l'avoir tenue elle-même pendant un moment, elle annonça la venue d'une image. Aussitôt que le tableau fut complètement formé, nous l'avons tous examiné, et comme il était à mon intentionné l'ai scruté avec une attention soutenue, mais il n'a duré que trente secondes environ.

C'était la figure très nette d'un homme encore jeune, avec des yeux très intelligents, et l'apparence d'un professionnel ou d'un savant. Je ne l'ai pas reconnu comme étant de ma connaissance, ce que j'ai annoncé à hante voix ; mais j'ai senti, avec une étrange certitude, que de l'écriture viendrait éclaircir le mystère. Le message écrit fut long à venir. Il apparut enfin et fut lu à haute voix par Mme Nemo. Je le transcris ici :

« Je suis votre Guide et un médecin habile en ce qui vous concerne. Je voudrais vous prier et vous dire de prendre un très vieux remède, trois fois par semaine. Il est possible que vous n'en ayez jamais entendu parler jusqu'à présent. Ce remède s'appelle « les vieilles gouttes hollandaises ». Prenez-en 15 gouttes dans une cuillerée à café d'eau-de-vie, et, croyez-en ma parole, vous trouverez votre santé beaucoup améliorée ».

La signature m'expliqua clairement le tout. C'était le nom d'un membre de ma famille, d'un homme qui avait été médecin de marine pendant le règne de Guillaume IV, et qui mourut il y a plus de quatre-vingts ans. J'ai souvent entendu parler de lui par sa veuve et d'autres proches parents. Ses enfants sont tous morts à un âge avancé pendant les dernières vingt années, mais ses petits enfants et arrière-petits-enfants sont vivants.

Il ne fut jamais dans mes pensées jusqu'à l'arrivée du message. Si je m'attendais à une communication, c'était d'un parent plus proche. De plus, je ne m'occupais nullement de ma santé, bien qu'à la suite d'une longue et grave maladie, je ne sois pas encore en équilibre physique.

Je laisse de côté la question du remède. Les gouttes hollandaises ne me sont pas inconnues, mais je n'en ai jamais usé, n'ayant qu'une confiance très vague en leurs vertus. Cette expérience est encore à faire.

Les détails qui m'ont frappé, au sujet de la figure et du message, sont les suivants : Le visage avait l'air de famille de ses descendants encore en vie ; le remède prescrit était très en faveur à cette époque, et je crois qu'il est encore préconisé par les vieux marins. De plus, les phrases : « Je voudrais vous prier et vous dire » et « croyez-en ma parole » ont une saveur caractéristique, car ce genre d'expression était courant parmi ses proches parents que j'avais connus durant leurs dernières années, et il appartenait au langage suranné des premiers temps du règne de Victoria. Mais ce fut le nom qui me frappa le plus, car il illumina l'épisode entier comme un éclair.

En outre, lorsque je fis l'observation que l'envoyeur du message était le personnage que j'ai décrit, trois coups énergiques confirmèrent mes paroles. Les images sont souvent accompagnées de coups frappés qui répondent aux questions et signalent l'arrivée prochaine d'un tableau. Ce fut une expérience remarquable, quelle qu'en soit l'interprétation.

Tel est le cas intéressant, raconté par le Directeur du Light. Pour ce qui concerne le procédé de saturation fluidique mis en œuvre pour utiliser psychométriquement le cristal, on n'observe en lui aucune particularité qui puisse donner aux faits un caractère différent de celui que revêtent les faits obtenus par les méthodes psychométriques ordinaires, bien que les modalités du procédé soient curieuses et insolites. Et plus insolite encore est la circonstance des consultants qui perçoivent directement les visions apparues à la sensitive ; ce qui n'est pas facile à expliquer, puisque les images perçues à l'intérieur d'un cristal ne peuvent aucunement être considérées comme étant de nature objective ; on doit donc les envisager comme des projections hallucinatoires des images qui se sont réalisées dans la subconscience de la voyante. Il en résulte que, pour expliquer les faits, on serait amené à admettre que la voyante en question possède la faculté de transmettre télépathiquement aux assistants les images hallucinatoires qui se sont formées dans sa propre subconscience.

Quant à la genèse psychométrico spirite du cas dont il s'agit, il ne me semble pas possible qu'il puisse donner lieu à des objections, ou du moins, il ne me semble pas possible d'opposer à l'explication spirite une autre explication meilleure. En effet, on a beau étendre jusqu'à l'absurde les pouvoirs inquisiteurs des sensitifs pour la recherche des souvenirs latents dans les subconsciences des autres ; personne ne pourrait soutenir, sans tomber dans le ridicule que parmi tant de souvenirs latents de décédés, liés au consultant par des attaches d'affection, la sensitive ait puisé dans la subconscience de ce monsieur les renseignements concernant un ancêtre, mort quatre-vingts ans auparavant et qu'il n'avait pas connu. Je comprends l'objection qu'on pourrait m'adresser ; c'est-à-dire qu'il ne serait pas malaisé de tourner contre l'hypothèse spirite l'observation que nous venons de faire, et dire : « Comment donc, au point de vue spirite, expliquer la circonstance que parmi tant de décédés, étroitement liés au consultant, le rapport psychométrique a été s'établir justement avec un ancêtre mort quatre-vingts années avant, et que les consultants n'avaient pas connu ? » — Je répondrai que si l'on considère la circonstance que les détails fournis par l'esprit qui se manifestait ont été tous reconnus comme étant véridiques, il est légitime d'accueillir comme véridique aussi le seul détail non contrôlable qu'il avait communiqué, à savoir, qu'il était l'« Esprit-guide » du consultant. Il est alors tout à fait naturel qu'il se soit manifesté, de préférence que tout autre esprit.

XXVIe Cas

Dans le fait dramatique qui suit, le phénomène du rapport psychométrique avec des entités de décédés se complète par la manifestation des mêmes décédés en des séances médiumniques successives. L'événement est très connu, ayant soulevé un vif intérêt quand il s'est réalisé ; toutes les Revues psychiques s'en sont occupées. Le récit est du protagoniste lui-même, Mr Hugh Junor Browne, riche banquier de Melbourne, auteur d'un ouvrage de recherches médiumniques intitulé : The Holy Truth, ouvrage cité longuement par Myers dans son chef-d'œuvre. J'extrais le récit du Light (1909, p. 117).

M. Hugh Junor Browne raconte qu'au mois de décembre 1884, son fila William, qui avait alors dix-nuit ans, avec M. Murray, employé de la Maison Browne, achetèrent un yacht appelé Yolande, lui apportèrent quelques modifications et puis partirent en croisière, en promettant de revenir le lundi 14 décembre. Un autre fils de Mr Browne, appelé Hugh, âgé de vingt ans, s'était embarqué avec eux. Mme Browne ne voulait pas les laisser partir, mais comme Murray était homme de mer expérimenté, ayant même le diplôme de capitaine maritime, Mr Browne ne crut pas devoir les contrarier.

Le 20 décembre 1884, quand Mr Browne était encore sans nouvelles de ses enfants, il envoya à la revue The Harbinger of Light, qui l'a publié dans son numéro de janvier 1885, le compte-rendu suivant d'une séance avec le médium George Spriggs :

Le 15 décembre s'étant écoulé sans que les enfants fussent rentrés, nous sommes devenus très anxieux, et le matin suivant, de bonne heure, j'ai été chez le médium guérisseur George Spriggs pour le prier de se rendre immédiatement chez moi pour voir ma femme, qui était souffrante. Je n'ai rien dit de la vraie raison pour laquelle j'étais venu, ne voulant pas exercer une influence quelconque sur sa pensée...

Il arriva vers 8 heures du matin, prit la main de ma femme et ne tarda pas à tomber en sommeil médiumnique. Il demanda alors : « Avez-vous fait une promenade eu mer ? » Mme Browne répondit négativement ; alors Spriggs continua : « C'est que je vous trouve une grande dépression d'esprit en rapport avec la mer. Durant la nuit, vous avez été très agitée et avez pleuré » (ce qui était vrai). Il compléta son diagnostic et finit en répétant : « Vos troubles ont un rapport avec la mer », Alors, pour la première fois, j'ai fait une vague allusion à ce qui me préoccupait, en demandant : « Percevez-vous donc un naufrage en mer ? » Le médium, toujours entrancé, répondit : « Je ne puis pas voir s'ils se trouvent dans le monde des esprits, mais si vous me remettez quelque objet qu'ils ont employé, je pourrai m'en servir pour les retrouver ».

J'ai pris un carnet qui appartenait à mes deux enfants et je le remis au médium. Il commença aussitôt en disant ; « Je les vois dans un petit bateau, dans la boucle que dessine un fleuve, avec, une voile assez grande et l'autre petite déployées au vent- (Ce qui était exact) Ils descendent le fleuve et se préoccupent du moment où ils entreront dans la mer (ceci se rapporte évidemment à la Baie de Port Philipp). Je vois une sorte de tour avec une jetée à leur droite (probablement le phare et le quai de Williamstown), Ils naviguent en pleine mer ; je vois la terre à leur gauche ; de gros nuages se groupent à l'horizon, signe avant-coureur d'une tempête. Maintenant ils se dirigent vers une autre jetée (ils ont été vus, en effet, passer au large devant Bristol le 14.) A présent ils s'efforcent de revenir en arrière, mais le vent est contraire ; après avoir louvoyé quelque temps, ils se décident à prendre terre. Quand ils sont près de la côte et qu'il s'agit d'amarrer, il paraît que des difficultés surgissent (cela se rapporte vraisemblablement au fait qu'ils se trouvaient sans ancre, l'ayant perdue quelques jours auparavant dans le fleuve Yarra). Ils parviennent enfin à prendre terre et ils descendent, trempés jusqu'aux os. Ils se promènent en discutant ce qu'il leur convient de faire (je suppose qu'ils discutaient l'avis de laisser le bateau là où il était pour rentrer chez eux par la voie de terre ; mais la circonstance que Murray et William avaient laissé à bord leurs bottes les a décidés à revenir à bord). Je suppose qu'aujourd'hui vous recevrez de leurs nouvelles. (Ce jour-là, nous avons reçu, en effet, la nouvelle qu'on les avait vus, le 14, faire voile an large de Brighton)... »

Le matin suivant, le médium vint de nouveau chez moi, et la description de ce qu'il voyait continua dans les termes suivants : « Après s'être reposé à terre, ils reviennent à bord et prennent le large (en effet, j'ai reçu une dépêche où l'on disait que le 15, à 8 heures, un bateau dont le signalement correspondait à celui de la Yolande avait été vu de Frankstone, en route pour Schnapper Point), Après quelques heures de voyage, ils se trouvent dans un endroit où surgit à leur gauche une série de rochers menaçants et sinistres. De gros nuages s'accumulent derrière eux, la mer devient agitée ; ils songent de nouveau à prendre terre, mais il est maintenant difficile de découvrir la jetée. Le vent change, les voiles s'agitent violemment ; l'une d'elles se déchire. Celui des trois qui est d'une taille moins élevée est assis au gouvernail et crie aux autres de faire quelque chose pour la voile de devant (Ces renseignements se rapportent à Murray, qui n'arrivait pas à la haute stature de mes fils, et qui se tenait sans doute au gouvernail et s'occupait de régler la voile principale, pendant que mes fils s'occupaient de l'autre. Le médium ne connaissait nullement Murray et ignorait qu'il était à bord avec mes enfants) Maintenant ils rencontrent de grandes difficultés dans la manœuvre du cordage. Ceci se produit à un mille et demi environ de la côte, en des eaux profondes ; nous sommes au matin du 15... (A ce moment il y eut une pause ; j'en ai argué que la catastrophe s'était produite à ce moment-là —ce qui m'a été confirmé ensuite par les communications médiumniques avec mes fils)...

Le matin du 17, nous nous sommes réunis en séance toujours dans l'espoir d'obtenir des renseignements. L'esprit guide du médium s'est immédiatement manifesté ; il annonça la présence d'un esprit désincarné depuis quelques jours seulement, qui désirait communiquer ; peu après, William, le plus jeune de mes fils, parvint avec beaucoup de difficulté à parler par la bouche du médium. La voix entrecoupée de pénibles sanglots, il parvint à prononcer ces mots : « Pardonne-moi, maman ; la faute est toute à moi ! » C'était lui, en effet, qui avait acheté le bateau, avec Murray ; son frère Hugh s'était décidé à s'embarquer pour leur tenir compagnie... Dans la soirée du 18, mes deux fils purent se manifester tous les deux..., en confirmant la description du médium sur leur croisière et en remarquant seulement que le naufrage s'était produit plus près de la côte de Mornington que de celle de Cheltenham... Répondant à une question qui lui fut posée, William dit : C'était vers 9 heures du matin le lundi 15 novembre, lorsque la catastrophe se produisit (ce qui correspondait parfaitement aux déclarations du médium).

Mr Hugh Junor Browne, dans un deuxième compte rendu adressé à la même Revue, le 21 mars 1885, rapporte que le 31 décembre (le jour où il avait envoyé son premier récit à la Revue), il apprit qu'on avait vu le cadavre de William flotter près de Picnic Point, et qu'il lui manquait le bras gauche et une partie du droit. Le 23 décembre, l'analyse nécroscopique du cadavre montra qu'on n'observait pas sur lui des traces de blessures s'étant produites avant la mort. Le 27 décembre on captura un requin à Frankstone (à 27 milles de Melbourne) ; on trouva dans son estomac le bras droit de William une partie du son gilet avec la montre en or, les clefs, la pipe et 12 shillings en argent. La montre était arrêtée sur 9 heures, exactement l'heure indiquée par le médium Spriggs neuf jours avant.

En réponse à l'observation d'un critique qui avait remarqué que les fils de M. Browne, dans leurs communications médiumniques, n'avaient rien dit de la mutilation subie par l'un des cadavres, Mr. Browne se décida à communiquer ce qui suit :

Durant la manifestation médiumnique de mon fils Hugh, à un certain moment, il amena son frère dans un coin d'où sa mère ne pouvait pas entendre et lui annonça que le corps de William avait subi la mutilation dont il s'agit, due à un requin. Je n'ai pas fait mention de ce douloureux incident dans mon rapport pour des motifs évidents (c'est-à-dire, pour éviter qu'il vint à connaissance de la mère, qui lisait toujours la Revue dans laquelle le rapport a été publié).

Ce qui ressort surtout du récit de cet événement dramatique, c'est la concordance entre les détails exposés par le médium et les renseignements qui ont été recueillis graduellement sur le naufrage ; il est plus spécialement à noter la concordance tirée de la montre récupérée si tragiquement, dont les aiguilles marquaient 9 heures, conformément à l'heure de la catastrophe indiquée par le médium. On se demande donc : Par quelle hypothèse expliquer cet exposé véridique du drame ?

Je commence par remarquer que, bien que le médium tint la main de Mme Browne, c'est-à-dire de la mère des victimes, il ne parvint pas à révéler quoi que ce soit sur le sort de ses enfants tant qu'on ne lui remit le carnet dont ils s'étaient servis. Cette circonstance a beaucoup d'importance théorique, non seulement parce que ce contraste épisodique fait même ressortir que le vrai emploi de l'objet psychométré est celui d'établir le rapport entre le sensitif et la personne vivante ou morte, liée fluidiquement à l'objet;

mais surtout qu'elle contribue à réfuter une hypothèse fantastique lancée pour l'explication des cas les plus complexes d'identification spirite ; selon laquelle les parents, les amis et les connaissances télépathiseraient toutes les vicissitudes de leur existence aux parents, aux amis, aux connaissances ; vicissitudes qui resteraient ineffaçablement gravées dans les subconsciences de ceux-ci, d'où les sensitifs et les médiums les puiseraient, en « générant » ainsi l'illusion des communications avec les trépassés. Je remarquerai d'abord que cette hypothèse est loin d'expliquer un grand nombre de cas d'identification spirite ; j'observerai ensuite que ces envolées fantaisistes appliquées à la science métapsychique, outre qu'elles sont arbitraires et anti-scientifiques, sont non moins déplorables parce qu'elles flattent les préjugés misonéistes de plusieurs savants, en dévoyant les recherches, en neutralisant l'efficacité des hypothèses scientifiquement légitimes et en retardant le triomphe de la vérité. En tout cas, je répète que la circonstance que nous venons de signaler réfute irrévocablement l'hypothèse en question. Si le médium, tout en tenant la main de la mère, n'est parvenu à révéler quoi que ce soit sur le sort des fils, cela prouve que la subconscience de cette dame n'avait aucunement enregistré télépathiquement les cas du drame qui venait de se produire; et ceci d'autant plus que cette preuve négative était immédiatement suivie de la contre-épreuve positive constituée par le fait que le médium révélait tout aussitôt que l'influence des fils, contenue dans l'objet, le mettait à même de puiser ailleurs les renseignements attendus.

Je conclus ainsi : Etant donné que le médium ne pouvait pas tirer du carnet des fils les renseignements sur un drame arrivé après que les jeunes hommes étaient partis de la maison pour toujours, par conséquent, après qu'ils s'étaient servis du carnet pour la dernière fois ; étant donné que la circonstance dont nous avons parlé tout à l'heure montre que le médium ne pouvait les tirer de la subconscience des parents, il s'ensuit que « l'influence » contenue dans le carnet a servi à établir le rapport entre le médium et les personnalités désincarnées de ceux qui s'en étaient servi ; conformément à ce que paraissent confirmer les manifestations médiumniques qui ont suivi l'analyse psychométrique.

C'est, il me semble, la seule hypothèse scientifiquement légitime, capable de résoudre le problème.

Pour la réfutation de la théorie exposée, il est bon de rappeler aussi l'épisode de Mr Hill (XXIVᵉ cas), dans lequel un objet présenté à divers sensitifs peu de temps après la mort de la personne à laquelle il appartenait, a provoqué cette observation, qu'il était trop tôt pour communiquer avec la décédée, encore plongée dans le sommeil réparateur qui suit la mort. Cet incident démontre, à son tour, le mal fondé de la théorie en question ; en effet, conformément à celle-ci, les sensitifs auraient dû tirer immédiatement les renseignements demandés des subconsciences des parents, des amis et des connaissances de la dame morte (dont M. Hill, qui était présent à quelques-unes des séances), au lieu de persévérer dans leurs insuccès durant cinq mois et demi, pour fournir ensuite, tout à coup, les preuves d'identification qu'on attendait. Toutes ces circonstances s'adaptent avec l'hypothèse du rapport psychométrique avec les défunts, mais sont littéralement inconciliables avec la thèse qu'on vient de réfuter.

Je dirai enfin que les séances expérimentales avec Mme Piper nous fournissent aussi de nombreux incidents non moins inconciliables avec cette théorie. Je citerai, par exemple, le fameux épisode négatif de Mrs. Blodgett, dans lequel, malgré la présentation au médium d'objets appartenant à la sœur décédée de la consultante, l' « esprit-guide » Phinuit ne parvint pas à faire connaître le contenu du pli laissé par la défunte afin de permettre son identification post-mortem. D'après l'hypothèse spirite, cela indiquerait qu'il n'a pas été possible d'établir le rapport psychométrique avec l'esprit de la décédée (comme dans le cas de M. Hill) ; si l'on voulait s'en tenir à l'hypothèse anti-spirite, on ne comprendrait pas comment les pensées confiées par la morte au pli cacheté n'ont pas été enregistrées subconsciemment par la sœur qui vivait avec elle ; si elles y avaient été enregistrées, Phinuit n'aurait pas manqué de les y dénicher, comme il y a bien déniché ce qu'elle avait fait au cours d'une période d'absence des séances.

Je me flatte d'avoir ainsi prouvé, dune façon plus que suffisante, que le phénomène supposé des inter-communications télépathiques universelles entre subconscient et subconscient, est une hypothèse fantastique, en contradiction flagrante avec les faits.

Conclusions

Etant parvenu à l'issue de ce long travail analytique sur les différentes modalités par lesquelles se manifestent les phénomènes psychométriques, il importe d'exposer le tableau synthétique des groupes dans lesquels ils ont été divisés.

On a commencé par les cas dans lesquels le rapport psychométrique s'établissait entre des personnes vivantes, pour passer à des cas dans lesquels le rapport avait lieu avec des animaux, puis avec des organismes végétaux, enfin avec la matière inanimée. On est passé alors aux cas dans lesquels le rapport se déterminait spontanément par la proximité d'un objet ayant quelque intérêt pour le sensitif, et puis à ceux dans lesquels il s'établissait à distance avec un certain milieu en rapport avec l'objet psychométré, et finalement avec le milieu même sans qu'il y eût besoin d'objets psychométrés. On a envisagé, en dernier lieu, les cas de psychométrie prémonitoire, et ceux dans lesquels le rapport se réalisait avec des entités de défunts.

Ce tableau synthétique fait bien ressortir la position importante occupée par le groupe de la Psychométrie dans la phénoménologie métapsychique, puisqu'il contient les plus formidables problèmes à résoudre, auxquels s'ajoutent les énigmes inhérentes à d'autres catégories de manifestations sur-normales qui vont s'entremêler et se confondre avec celles dites psychométriques. Cette circonstance de l'enchevêtrement des différentes manifestations sur-normales représente d'ailleurs la règle dans la phénoménologie métapsychique ; le fait provient vraisemblablement de ce que, en dernière analyse, elles sont le produit d'une faculté transcendantale unique, qui est fonction de l'Esprit humain dans le double état incarné et désincarné par lequel il se manifeste et il évolue.

En poursuivant l'exposition synthétique des résultats obtenus, je note que l'examen des faits nous a portés à établir qu'il n'est plus loisible de douter de l'existence d'une « influence personnelle humaine » enregistrée par les choses et perçue par les sensitifs ; « influence » qui sert à établir le « rapport » entre le sensitif et le possesseur de l'objet psychométré, de la subconscience duquel le sensitif puise télépathiquement et presque intégralement les renseignements fournis. Si le possesseur de l'objet n'est plus au nombre des vivants, le rapport se réalise entre le sensitif et l'entité spirituelle du décédé, sauf toutefois l'intervention de circonstances qui peuvent provoquer l'établissement d'autres rapports.

On a établi, en outre, que la matière enregistre de même des « influences » animales et végétales, ainsi que les systèmes de vibrations engendrés par l'activité de la nature ; et par conséquent, que les sensitifs peuvent également établir des rapports psychométriques avec des individualités animales, avec des organismes végétaux et avec les états par lesquels est passée la matière.

Cette dernière circonstance, — celle du sensitif qui perçoit directement les états de la matière semble la plus mystérieuse de toutes ; d'autant plus qu'elle était en contradiction avec la théorie des « rapports », dont il a été question jusqu'ici et qui semblait fondamentale dans la réalisation des phénomènes psychométriques. En tout cas, devant l'évidence des faits, on est dans la nécessité d'accueillir l'hypothèse des professeurs Buchanan et Denton, selon laquelle « l'objet psychométré expose directement sa propre histoire au sensitif » ; sous réserve, toutefois, de la corriger de manière à la concilier si possible, avec la théorie des « rapports psychiques ». La chose n'est guère difficile, puisque, dans la circonstance d'un objet qui dévoile au sensitif sa propre histoire, on peut également supposer que cela se produit parce que les systèmes de vibrations correspondants aux faits sont enregistrés par un moyen transcendantal immanent dans la matière même de l'objet, et que ce moyen est l'éther de l'espace. Cette induction paraît scientifiquement légitime et entraîne à des conséquences théoriques d'une haute valeur philosophique. En effet, si l'on confère à l'éther de l'espace, immatériel et immanent dans l'Univers entier, la fonction d'enregistrer et conserver toutes les vibrations constituant l'activité de la Création, alors on accumule en lui les attributs divins de l'Omniprésence, de l'Omniscience et de l'Omnipotence ; ce qui équivaut à accorder à l'éther l'Auto conscience, puisque les attributs en question impliquent nécessairement une Intelligence Infinie et par conséquent, nous voyons s'imposer la conception grandiose de l'Ether Dieu. A notre point de vue, cette conception aurait l'avantage de compléter l'hypothèse fondamentale des « rapports », qui est la seule capable d'expliquer la phénoménologie qui nous occupe. Nous avions déjà une série de « rapports psychométriques » qui s'établissaient, soit avec la subconscience des vivants, soit avec des entités de défunts, soit avec des individualités animales, soit avec des organismes végétaux. Maintenant nous pourrions joindre à la série le rapport avec l'Ether Dieu, récepteur et conservateur des systèmes de vibrations cosmico-psychiques constituant l'essence de l'Univers ; et ceci parce que l'Ether Dieu est immanent dans la matière même de l'objet psychométré.

La haute valeur scientifico-philosophique de cette conception nécessite l'adjonction de quelques renseignements complémentaires. Après avoir formulé la théorie de l'Ether Dieu sur des bases rigoureusement scientifiques, je rapporte ici les avis de deux personnalités médiumniques parmi les plus élevées de la phénoménologie spirite : Imperator de William Stainton Moses et Stafford d'Elisabeth d'Epérance. Voici en quels termes en parle le premier :

Toutes les sortes d'inspirations proviennent directement de Celui que vous appelez Dieu ; c'est-à-dire, de l'Etre Infini qui est immanent en vous tous, en toute chose, partout. En réalité, vous existez tous, et nous existons tous, plongés dans un Océan Spirituel incommensurable, d'où provient toute la science et la sagesse dont l'esprit humain est capable. C'est là, la communion avec le Saint-Esprit dont parlent les écritures sacrées, là où elles affirment : « Il demeure en vous, et il existe en vous ». Voilà la grande vérité dont nous nous avons entretenus déjà, c'est-à-dire que vous aussi vous êtes en Dieu, parce qu'il existe en vous une parcelle de cet Esprit Universel immanent qui est une manifestation de l'Etre Suprême. Votre « corps spirituel » tire aussi son existence et sa nourriture de l'Océan Spirituel Infini dans lequel tout est plongé ; le « corps spirituel » puise en lui sa nourriture, de même que le corps physique puise de l'oxygène dans l'air qui l'entoure. Et cet Océan Spirituel sans limites c'est l'Ether, comme vous l'appelez (Posthumous Spirit Teachings, on Light, 1899, page 603).

Voici maintenant comment parle à ce sujet la personnalité médiumnique Stafford. Celui-ci, au cours d'une séance, adresse une foule de questions à un savant, dans l'intention de le mettre dans l'impossibilité de répliquer ; à un certain moment, il demande : Qu'est-ce que c'est que l'Ether ? »

Le savant répond : Je l'ignore, mais selon les inductions scientifiques, il est presque le Rien, mais un Rien qui, quand on l'analyse de près, ressemble beaucoup au Tout ; alors Stafford continue en disant :

Si l'on tentait de remonter jusqu'aux origines de l'Univers, on ne trouverait rien à quoi on ne puisse pas appliquer votre conclusion : Plus de matière, mais ce qui constitue l'élément originaire : le Rien de la matière. Un Rien infiniment plus merveilleux, infiniment plus puissant, infiniment plus grandiose et sublime de tout l'Univers matériel qu'il a produit. En effet, il existe en ce Rien la puissance créatrice « du Ciel, de la Terre et de toute chose » ; une puissance que l'intelligence humaine la plus élevée est incapable de comprendre et à laquelle on a conféré déjà beaucoup de noms ; le dernier inventé par les savants est celui de « Volonté Cosmique ». D'autres, moins érudits, se contentent de lui donner le nom familier de « Dieu ». (Light, 1903, page 548).

Comme on peut voir, les personnalités médiumniques sont d'accord avec les penseurs contemporains pour l'identification de l'éther avec Dieu ; ce qui amène à réfléchir plus que jamais sur cette conception si vaste et si captivante.

Pour passer maintenant à un autre sujet, et en continuant notre exposé synthétique, je rappellerai qu'après avoir énoncé la théorie de l'Ether Dieu, nous avons énuméré d'autres traits caractéristiques des manifestations psychométriques, tels que les phénomènes qui se produisaient simplement par effet de la proximité d'un objet intéressant le sensitif (il s'agissait, dans le cas que nous avons relaté, de l'arrivée d'une lettre), et en dehors de tout contact du sensitif avec l'objet en question ; phénomènes qui n'impliquaient rien de nouveau pour la théorie, sauf qu'ils nous amenaient à admettre une certaine activité radiante dans les objets saturés d'une influence humaine.

On a examiné ensuite les phénomènes psychométriques dans lesquels le sensitif dévoilait des événements qui s'étaient produits à une certaine distance de l'objet psychométré, comme si l'objet était susceptible d'enregistrer à distance les vibrations psychiques des événements qui se succèdent dans le milieu où il se trouve.

On a cité, après cela, des faits dans lesquels le sensitif était mis en rapport avec le milieu où il se trouvait fortuitement pour y loger ; ces phénomènes sont plus fréquents qu'on ne le suppose généralement, dans la vie sociale, mais ils passent le plus souvent inaperçus parce qu'on a l'habitude de les attribuer à d'autres causes psychologiques ou pathologiques. On ne pouvait expliquer les phénomènes dont il s'agit sans avoir recours à l'hypothèse que le sensitif reçût des impressions et des renseignements par l' « influence » qu'avaient laissée en ces lieux les personnes qui y avaient habité ; en ce cas, on devait admettre que le mobilier, le plancher, les murailles mêmes dune chambre puissent recevoir et conserver les effluves vitaux des êtres vivants, ou les vibrations correspondantes à l'activité fonctionnelle de leurs systèmes cérébraux.

Nous sommes passés ensuite aux phénomènes ayant une certaine affinité avec les précédents, dans lesquels les perceptions psychométriques ne provenaient pas au sensitif d'un endroit fermé, tel qu'une chambre, mais d'un endroit ouvert tel que la campagne, et concernaient des événements historiques qui s'étaient produits plusieurs siècles auparavant. Ces perceptions psychométriques ne pouvaient être expliquées qu'en supposant que les systèmes de vibrations correspondants à l'activité des êtres vivants et de la matière inanimée, étaient enregistrés et conservés par un « milieu éthérique ».

Après ces phénomènes psychométriques, nous avons tourné notre attention vers ceux qui empruntaient un caractère de prémonition. Ils n'impliquaient, d'ailleurs, rien de nouveau au point de vue psychométrique, puisqu'ils se rapportaient à une autre catégorie de manifestations, venue se greffer dans celle dite psychométrique. Malgré cela, ils présentaient un très grand intérêt et offraient l'occasion de toucher aux problèmes troublants de l'Eternel Présent, de la Fatalité, du Libre Arbitre, de l'existence du Mal.

Nous avons cité en dernier lieu, quelques exemples de rapport psychométrique avec des entités de défunts ; certains parmi eux contenaient des incidents très remarquables en faveur de cette interprétation — incidents qui n'auraient pas pu être interprétés par toute autre hypothèse.

En même temps, les exemples dont il s'agit nous ont offert l'opportunité de réfuter la majeure des théories anti-spirite lancée par l'explication d'une catégorie de phénomènes psychométriques ; théorie absolument contredite par l'examen des faits, mais à laquelle il importait néanmoins de s'arrêter pour la réfuter et l'éliminer, afin d'éviter le tort que causent de pareilles hypothèses, en dévoyant la recherche en neutralisant l'efficacité des hypothèses légitimes, en retardant l'avènement de la vérité. Et comme le Dr Osty s'est avisé d'appliquer la même hypothèse à un cas de lucidité psychométrique qu'il a lui-même étudié, il ne sera point inutile de l'envisager ultérieurement en union avec le cas dont il s'agit.

Voici le résumé des faits, dont le récit a paru dans les Annales des Sciences Psychiques (1914, page 97 et 1916, page 130).

Le 18 mars 1914, M. L. Mirault, demeurant au château du Lieu, près Cours-les-Barres (Cher), prévenait M. Osty que, depuis quinze jours, on cherchait en vain un vieillard du nom de Lerasle, disparu tout à coup. Les parents, les amis, ensuite 80 personnes mobilisées par le maire de la commune explorèrent méthodiquement les environs, durant plusieurs jours, mais sans succès.

Le Dr Osty, à qui M. Mirault avait fait envoyer un foulard ayant appartenu au vieillard, l'apporta à Madame Morel, la somnambule bien connue, sans lui faire connaître autrement l'objet de sa visite La somnambule commença par décrire le disparu et la localité qu'il habitait décrivit la route suivie par lui le jour du malheur et déclara le voir couché, mort, dans un taillis, près d'un cours d'eau, etc. C'est grâce à ces indications que le corps put être retrouvé. On constate alors que tout ce que la somnambule avait affirmé et décrit était scrupuleusement vrai, sauf un détail : elle avait vu le cadavre « couché sur le côté droit, avec une jambe repliée », tandis qu'en réalité il était couché sur le dos, jambes étendues. Au cours des trois consultations avec la somnambule, cette vision s'était cependant répétée trois fois d'une manière identique ; dans la deuxième consultation, la somnambule avait même ajouté ces détails : « II n'avance pas beaucoup dans le bois... il se sent malade, il se couche, dort et meurt ». Cette triple visualisation erronée, avec la phrase citée, doit être retenue à cause de sa grande portée théorique, ainsi que nous allons le démontrer.

Le docteur Osty, en examinant la genèse de ce cas remarquable, passe en revue toutes les hypothèses qui ont été proposées jusqu'ici pour expliquer la faculté psychométrique, telle que la « vision à distance », l' « extériorisation du corps fluidique » (bilocation), la « lecture dans l'Astral » des occultistes, la «

Mémoire des choses » (psychométrie), et l'hypothèse spirite. Après les avoir successivement envisagées et éliminées, il termine en appliquant aux faits sa propre théorie de l'intercommunication télépathico-subconsciente de tous les vivants, conformément à laquelle la somnambule aurait puisé les informations fournies aux subconsciences du fils et de la belle-fille du décédé, qui les auraient reçues télépathiquement du vieux Lerasle au moment où se déroulaient les événements. Il remarque :

En chacun de nous est latente une pensée possédant d'autres moyens d'information que les sens et l'exercice de la raison... Cette pensée de qualité sur-rationnelle s'écoule de subconscients à subconscients d'une manière permanente et indépendamment de la volonté. Les sujets lucides sont plus intensément impressionnés par elle et ont la faculté d'en reconstituer les fragments... Dans un cas de lucidité de la nature du fait Lerasle, les circonstances de la mort de cet homme, les recherches, la découverte du cadavre, le lieu où il gisait, etc... ont été des états d'existence actuels et futurs de son fils et de sa belle-fille, et ce sont aujourd'hui des états d'existence passés, mais compris, maintenant comme avant, dans la somme de leur vie. — (Annales, 1916, pages 137-138).

Or toutes ces affirmations sont littéralement gratuites. Nous avons examiné des milliers de cas de clairvoyance dans le passé, le présent et l'avenir, sans découvrir un seul incident de nature à suggérer, même seulement de loin, l'explication en question ; par contre, nous avons recueilli un grand nombre de cas absolument inconciliables avec cette explication. Nous en avons cité trois ; s'il le fallait, nous en rapporterions d'autres, bien que cela puisse paraître superflu, étant donné que les faits ne sont pas des opinions, et que, par conséquent, trois seuls incidents bien constatés suffisent pour démolir toute hypothèse infondée, il est donc inutile de revenir sur ce point.

Continuant plutôt la recherche de l'hypothèse qui s'adapte le mieux au cas Lerasle, je remarquerai avec le Dr Osty que celle par laquelle on suppose un phénomène de « vision à distance » du sensitif, doit être éliminée pour différentes raisons, dont celle-ci : que l'erreur de visualisation dans laquelle est tombée la sensitive, en apercevant par trois fois le cadavre gisant sur le côté droit, une jambe repliée, tandis qu'il gisait sur le dos, les jambes étendues, indique d'une façon incontestable qu'il ne s'agissait point de « vision à distance ».

La même raison nous fait exclure l'hypothèse de l'extériorisation du « corps fluidique » de la sensitive, puisque, si le périsprit de celle-ci s'était transporté sur place, elle aurait bien aperçu le cadavre dans la position dans laquelle il gisait.

Et toujours pour la même raison devons-nous refuser l'hypothèse « télesthésique » ; en effet, si l'objet remis à la sensitive avait servi à établir le rapport psychométrique entre elle et le cadavre à rechercher, la sensitive aurait dû le percevoir tel qu'il se trouvait.

On ne peut guère non plus admettre ici l'hypothèse de la « Mémoire des choses » (psychométrie), puisque le foulard ayant appartenu au vieillard ne pouvait pas contenir des « traces » d'événements qui se sont réalisés après que le défunt l'avait employé pour la dernière fois.

Il ne reste donc qu'à se tenir à l'hypothèse psychométrico spirite, selon laquelle, l'influence contenue dans le foulard ayant appartenu au vieux Lerasle aurait servi à établir le rapport avec l'esprit du décédé, en le mettant à même de transmettre télépathiquement à la sensitive une série d'images pictographiques, destinées à faire connaître la douloureuse histoire de sa disparition ; et cela dans le but de guider pour la découverte du cadavre.

Il nous faut même signaler ici une circonstance très favorable à cette hypothèse ; c'est qu'elle rendrait explicable l'erreur de visualisation dans laquelle est tombée la somnambule. En effet, dans l'hypothèse que ce fût « l'esprit du défunt » qui ait documenté la voyante, tout contribue à faire supposer que l'image pictographique erronée, perçue par la voyante, a été réellement transmise par le défunt comme son dernier souvenir du moment fatal où, s'étant couché sur le côté droit et s'y étant endormi, il passa du sommeil à la mort. Il est logique de le supposer pour les considérations suivantes : d'abord, parce que la position sur le côté droit est la plus naturelle pour ceux qui se disposent à dormir ; ensuite parce que, quand survinrent les mouvements spasmodiques de l'agonie, par suite desquels le corps a fini par prendre la position sur le dos (position d'équilibre stable dans laquelle finit par se raidir un corps agité de mouvements convulsifs), lorsque cela se produisit, il est naturel de penser que le mourant se trouvait en des conditions comateuses et qu'il ne pût donc pas s'en rappeler comme « esprit ». Rien de plus naturel, alors, qu'il ait transmis par trois fois à la sensitive l'image pictographique de son cadavre couché sur le côté droit, avec une jambe repliée, image véridique de son dernier souvenir terrestre. Si l'on admettait cette version des faits — la seule vraisemblable, la seule capable de les expliquer — il s'ensuivrait que l'erreur de visualisation commise par la sensitive se transformerait en une preuve excellente en faveur de l'interprétation spirite des faits.

Pour conclure, je me flatte d'avoir démontré qu'à la base des phénomènes psychométriques, l'on rencontre une « influence » spécialisée et latente, enregistrée par la matière et perçue par les sensitifs ; que cette « influence » consiste vraisemblablement en des systèmes de vibrations psychiques et physiques, déterminés, soit par l'activité cérébrale de la pensée, soit par les manifestations de la vie, soit par la réalisation des phénomènes naturels. En cette dernière variété de psychométrie, cette « influence » n'est pas enregistrée et conservée directement par la matière, mais par l'éther immanent dans la matière. A la base des perceptions psychométriques l'on trouve constamment un phénomène de « rapport » qui s'est établi entre le sensitif et les vivants, ou les décédés, ou les animaux, ou les organismes végétaux, ou les états de la matière en relation avec l'objet psychométré. Par l'entremise de ce rapport, le sensitif puise télépathiquement ses perceptions des personnes vivantes ou défuntes liées fluidiquement à l'objet, ou télesthésiquement des animaux et des plantes ou de l'éther immanent dans l'objet en question, et jamais directement de la matière qui le constitue. Ordinairement, la faculté psychométrique est une fonction du Moi intégral subconscient, bien qu'il se réalise souvent par l'intervention d'entités désincarnées. Enfin nous avons démontré que les sensitifs perçoivent les faits sous la forme d'images pictographiques transmises du Moi intégral subconscient, et quelquefois pour des entités de défunts ; ces images représentent le plus souvent des cas qui se sont réellement produits, mais parfois elle sont de nature symbolique, dans le but de fournir une information.

FIN

Des Phénomènes de Télesthésie

Dans le Glossaire qui précède l'ouvrage principal de Frédéric Myers, la signification du mot Télesthésie est délimitée de la façon suivante : « Perception à distance, impliquant une sensation ou visualisation directe de choses ou de conditions, indépendamment de toute voie sensorielle connue, et en des circonstances de nature à exclure que les notions acquises puissent tirer leur origine d'une mentalité étrangère à celle du percipient »,

Le professeur Charles Richet, à son tour, en a défini la signification d'une manière analogue, par les termes suivants : « Connaissance, de la part d'un individu donné, d'un phénomène quelconque, non perceptible ou connaissable par les sens normaux, et étranges à toute transmission mentale, consciente ou inconsciente ».

Il est donc bien entendu qu'avant de classifier parmi les phénomènes télesthésiques un fait de clairvoyance, il faut rechercher si l'on ne peut pas l'éclaircir au moyen de quelques-unes des différentes modalités par lesquelles se manifestent les phénomènes télépathiques, et parfois au moyen des phénomènes de « cryptomnésie » (par exemple, dans les cas d'objets égarés et retrouvés grâce à un rêve révélateur). Il s'ensuit qu'en appliquant cette règle aux manifestations de la clairvoyance en général, on constate que la grande majorité des phénomènes supposés de « vision ou perception sur-normale » peuvent être réduits à de la transmission ou lecture dépensée », et en partie à des phénomènes de « cryptomnésie ».

Impossible d'en douter. Surtout dans les faits où la lucidité est acquise par l'intermédiaire de personnes présentes, ou d'objets remis au sensitif (psychométrie), et se rapporte à des personnes lointaines mais vivantes, la présomption de la « lecture ou transmission de pensée » paraît fondée dans la plupart des cas. En ces circonstances, en effet, on n'obtient pas uniquement des visualisations d'une chose ou d'un milieu lointains, mais aussi des perceptions du tempérament, du caractère, de l'état émotionnel, affectif, mental, de l'individu lointain ; les images qui s'offrent au sensitif concernent bien rarement son présent, presque toujours son passé et quelquefois son avenir, toutes conditions et circonstances qui ne sont pas perceptibles directement au moyen des yeux, et même pas indirectement par le cerveau au moyen des centres optiques. Il en résulte que, dans les limites des manifestations dont il s'agit, ces circonstances résolvent les problèmes en faveur de la « lecture ou transmission de pensée subconsciente ». Ceci n'empêche d'ailleurs pas que les phénomènes de « télesthésie » puissent se produire parfois de pair avec ceux de « clairvoyance télépathique », comme le prouvent d'autres ordres de faits dans lesquels il n'est plus question de personnes sujettes à être « psychométrées » à distance, mais de la visualisation directe de choses ou de milieux indépendants de toute perception télépathique de la pensée subconsciente d'un tiers.

Je ferai remarquer cependant que, même dans la circonstance des phénomènes de « télesthésie », tout contribue à prouver qu'il ne s'agit pas de vision proprement dite, pas plus que de vision indirecte, par le concours des centres optiques, mais plutôt de visualisations hallucinatoires véridiques (que le professeur Hyslop appellerait des « images pictographiques »), transmises par la personnalité subconsciente (et exceptionnellement par des entités désincarnées), afin d'informer la personnalité consciente de ce qui l'intéresse. Il resterait donc à résoudre le problème ardu constitué par le moyen employé par la personnalité subconsciente pour entrer en rapport avec l'objet ou le milieu éloignés, de façon à les apercevoir, ou à les connaître, ou à se documenter à leur sujet.

Je reviendrai plus loin sur ce point si important, que pour l'instant nous n'avons pas à examiner davantage ; ce n'est pas le cas d'énoncer d'autres éléments d'analyse, en attendant que le récit des faits nous en offre successivement l'occasion.

Ceci dit, j'entre sans plus dans le vif de la matière à traiter.

Il importe avant tout de considérer certaines catégories de phénomènes qui montrent quelques affinités d'origine avec ceux de la télesthésie. Je rappellerai d'abord les phénomènes de « rabdomancie » (découverte de sources souterraines au moyen de la « baguette divinatoire ») et ceux d'hypersensibilité anormale dans certaines formes de « phobies spécialisées », où un sensitif éprouve une horreur insurmontable pour telle sorte d'insecte, ou d'autres animaux, et en perçoit la présence même lorsqu'il ne peut les voir d'aucune façon, ni connaître par un autre moyen leur voisinage.

Je ne citerai pas des expériences de « rabdomancie » parce que tout le monde les connaît, et me bornerai à rapporter un exemple de « phobie spécialisée ».

Ier Cas

Je l'extrais du Light (1914, page 155).

Un médecin écrit qu'étant en province, il a fait la connaissance d'un monsieur qui lui apprit que sa femme était tellement sensible au voisinage d'une araignée, qu'elle en percevait la présence même sans la voir, et qu'elle en tombait aussitôt malade, avec nausées et épuisement général allant parfois jusqu'à la syncope ; tous ces symptômes disparaissaient d'ailleurs aussitôt que l'on découvrait et l'on éliminait l'araignée. Quelques jours plus tard, le docteur eut une opportunité pour observer personnellement ce cas curieux. Il raconte :

Mon nouveau client vint au milieu de la nuit me demander assistance pour sa femme qui, tout à coup, s'était trouvée mal. Il ajoutait : « Elle affirme qu'il y a une araignée dans la chambre, mais je ne sais pas parvenu à la découverte » . Je partis aussitôt avec lui et je trouvai la dame dans un état de dépression nerveuse inquiétante, au point qu'on pouvait s'attendre à un évanouissement. Elle était très pâle, avec un pouls presque insensible, la respiration courte et difficile. Elle me dit qu'elle se sentait très mal et qu'elle était certaine qu'il y avait une araignée dans la pièce. Comme elle insistait je me mis en devoir, avec son mari, de fouiller tous les coins et fissures de la chambre dans le but de la calmer, car nous croyions qu'elle se trompait. En effet, nous n'avons rien trouvé, et nous étions sur le point de renoncer à une recherche plutôt ridicule, quand la patiente annonça qu'elle avait « l'impression » que l'araignée se trouvait sur le porte manteau. Nous avons alors minutieusement visité ce meuble, mais toujours en vain, ce qui nous persuadait de plus en plus que la malade s'abusait. A ce moment, l'idée me vint de soulever la pièce mobile de la cimaise ornementale, et aussitôt apparut une grosse araignée noire qui s'esquiva rapidement à travers les vêtements, dans là direction d'un trou du bois : elle s'y introduisit et disparut. Tous les deux nous nous regardâmes, surpris ; je fis signe au mari de ne rien dire de ce qui s'était produit. La malade poussait un grand soupir de soulagement en disant : « Vous l'avez enfin trouvée ! » — Nos précautions avaient été vaines ; le sixième sens de la patiente ne l'avait pas trompée. Une demi-heure après, elle était rentrée dans des conditions normales ; nous l'avions persuadée que nous avions bouché soigneusement le trou où l'araignée s'était introduite : la dame ne tarda pas à se rendormir.

Telles sont les modalités curieuses et mystérieuses dans lesquelles se produisirent certaines formes de « phobie spécialisée » et qui manifestent, en apparence, une certaine affinité d'origine avec les phénomènes de la télesthésie proprement dite. Il convient cependant de ne pas trop s'empresser de les identifier avec eux, ainsi que, d'ailleurs, les phénomènes de « rabdomancie ». De fait, en analysant les circonstances, on constate une différence très marquée entre les modalités de manifestation de ces classes de phénomènes. Dans les « phobies spécialisées », le sensitif perçoit exclusivement la présence d'une araignée, d'un chat, mais n'est pas à même d'indiquer l'espèce, la couleur, la forme de l'araignée, ou de fournir des indications sur la fourrure du chat, ce qui montre bien qu'il ne les visualise aucunement. De même, le rabdomancien perçoit la présence de l'eau souterraine et c'est tout. Dans la télesthésie par contre, le clairvoyant spécifie et décrit minutieusement tout objet qu'il visualise ; s'il s'agit d'une lettre, il en lit le contenu. Ainsi, dans le premier cas, il suffirait, pour expliquer les faits, de supposer que le sensitif perçoit les effluves vitaux de l'animal qui provoque sa « phobie » et, dans le cas du rabdomancien, qu'il perçoit les émanations de l'eau souterraine. Mais dans la télesthésie, comme il s'agit d'une vision détaillée, ou d'une connaissance précise, ou de la réception de renseignements véridiques au sujet d'un objet donné qu'on ne peut apercevoir par les yeux corporels, nous nous trouvons en face d'une situation radicalement différente, et qu'on ne peut certainement pas expliquer par l'hypothèse des effluves vitaux ou des émanations d'un liquide On est donc amené à conclure qu'il n'y a pas entre les deux ordres de faits une identité d'origine, mais seulement une analogie apparente.

Dans ces conditions, si l'on élimine les catégories de phénomènes ci-dessus, ceux qui montrent une affinité réelle d'origine avec la télesthésie sont les phénomènes d'alloscopie (vision macroscopique et microscopique à l'intérieur du corps des autres).

Quoi qu'il en soit, je ne m'arrêterai pas beaucoup non plus sur ces phénomènes, parce que, bien que tout nous porte à croire qu'ils sont, en effet, de nature partiellement télesthésique, on ne peut cependant exclure la possibilité de faire jouer intégralement, pour eux, l'hypothèse de la lecture de la pensée subconsciente. Je me limiterai donc à citer un seul exemple d' « alloscopie », en le faisant suivre de quelques remarques dans le sens que je viens d'indiquer.

IIe Cas

Extrait de la Revue Scientifique et Morale du Spiritisme (1900,page 358).

Le docteur Moutin rapporte l'épisode suivant, qui lui est personnel.

« Madame G... était malade depuis trois ans environ ; elle dépérissait de jour en jour. Au mois de mai dernier, le mal s'aggrava à tel point qu'un de nos grands médecins des hôpitaux fut appelé auprès de la patiente.

Le maître fit un diagnostic de tuberculose généralisée et indiqua un traitement et un régime ad hoc.

Un mois après, et malgré deux visites du même professeur, le mal empirant toujours, sur mes conseils, la famille se décida à demander l'avis d'un autre maître.

Ce dernier fit un diagnostic différent, ordonna un autre traitement qui, du reste n'eut pas plus de succès que le précédent et les parents et moi, nous attendions tous les jours le dénouement fatal.

J'eus l'idée de consulter à mon tour monsieur Alfred. Muni d'une mèche de cheveux de la malade, prise à son insu, ne voulant rien dire à personne, mais simplement satisfaire ma curiosité, je vins trouver le voyant.

Après quelques minutes « d'examen somnambulique » , le sujet me dit : « Cette dame n'a presque rien et elle se meurt... si elle continue à se faire soigner par tant de médecins, si elle continue à prendre tous les remèdes qu'on lui donne, elle n'en a pas pour trois mois... Elle a quelque chose dans le ventre, je ne vois pas bien ce que c'est, mais donnez lui quelques forte purgations et vous connaîtrez la cause du mal ».

Je suivis ses conseils avec prudence — la malade était d'une faiblesse extrême, ne pesait plus que 64 livres et elle est d'une taille au-dessus de la moyenne — et j'eus, en vérité, le mot de l'énigme : elle avait un ver solitaire, un ver tænia !!! Aujourd'hui, la moribonde a repris ses forces, sa gaieté et de l'embonpoint.

Je ne veux tirer aucune conclusion de tout ce qui précède ; je laisse ce soin au lecteur. J'ajoute cependant que je déplore profondément que de pareils faits ne soient pas étudiés comme ils le méritent ».

Les publications des anciens magnétologues, ainsi que les rapports des chercheurs de nos jours, sont remplis de faits de ce genre ; le docteur Moutin a donc cent fois raison de déplorer, pour le bien de l'humanité souffrante, qu'on ne les prenne pas plus sérieusement en considération.

Au point de vue de l'hypothèse télesthésique, le cas ci-dessus ne revêt pas une grande valeur probante ; on pourrait encore l'expliquer en supposant que le somnambule a puisé dans la subconscience de la malade le renseignement qu'il a fourni, effectivement, on ne saurait opposer une dénégation catégorique à l'opinion selon laquelle la subconscience de la malade devait connaître la présence du ténia dans son intestin.

Après les catégories de phénomènes dont il a été parlé, se présente dans l'ordre progressif, un groupe expérimental de recherches auquel conviendrait plus précisément la dénomination de « vision à travers les corps opaques », puisqu'il comprend des expériences de « lecture sous plis cachetés » et dans des « livres fermés », sans oublier les fameuses parties d'écarté jouées à cartes couvertes par le fameux somnambule Alexis Didier, et qui sont attestées par de nombreux expérimentateurs, dont le célèbre prestidigitateur Robert Houdin.

De toute façon, je ne m'arrêterai pas à relater des exemples de « lecture sous plis cachetés », car il n'est pas possible d'éviter l'objection que le pli agisse psychométriquement en mettant le sensitif en rapport avec la personne lointaine qui l'a manipulé, et en conséquence, que le fait de la lecture de son contenu se réduise à un phénomène de clairvoyance télépathique ». L'objection paraît d'ailleurs fondée, bien que cela ne signifie aucunement que toutes les expériences similaires doivent être nécessairement interprétées dans le sens télépathique. Il est même vraisemblable qu'il n'en soit pas ainsi ; mais l'hypothèse télépathique reste, en neutralisant la valeur des expériences en question en tant qu'on les considère des preuves de la réalité de la télésthésie.

Ce qui montre que la télesthésie peut être souvent la meilleure explication des faits dont il s'agit, c'est l'examen des erreurs elles-mêmes et des défauts d'interprétation dans lesquels tombent les sensitifs; erreurs et défauts qui s'adaptent mal à l'explication télépathique, tandis qu'ils suggèrent irrésistiblement celle dite télesthésique. Ainsi, dans les expériences bien connues du docteur Ferroul (Annales des Sciences Psychiques, 1896, page 193, et 1897, page 321), la somnambule lut correctement le contenu du pli cacheté, mais tomba dans une légère erreur très significative : Sur les coins de la feuille intérieure étaient écrites les lettres a, b, c, d ; la somnambule ne vit point la lettre a, et elle interpréta les autres ainsi : d, 2, c. Or il résulta que la lettre a que la somnambule n'avait pas vue, se trouvait emprisonnée entre deux cachets de cire apposés sur le pli (la somnambule avait justement déclaré que les cachets de cire et les fils l'empêchaient de tout voir) ; et que le b, renversé, ressemblait parfaitement au chiffre 2. Au cours d'une autre expérience, la même somnambule lut correctement le contenu du pli, moins l'adresse, en déclarant « qu'elle ne pouvait pas la lire parce qu'elle était couverte par les fils et qu'ils l'empêchaient de voir ». On constata qu'il en était réellement ainsi ; deux ou trois tours de fils blancs qui, traversaient l'enveloppe intérieure, cachaient, entièrement l'adresse.

Or il est incontestable que les erreurs de cette nature tendent à démontrer la réalité de la vision télesthésique, puisque, s'il était agi de clairvoyance télépathique, la somnambule aurait dû lire dans la subconscience des autres les lettres a et b, ainsi que l'adresse de l'enveloppe.

Ces circonstances valent qu'on en tienne compte. De toute manière, je ne m'occuperai pas d'expériences avec les « plis cachetés », en me bornant à examiner les autres expériences montrant des affinités avec elles, mais qui ne sont plus rattachables à l'objection télépathique ; il en est ainsi des expériences de la lecture dans des « livres fermés » et avec des cartes à jouer.

IIIe Cas

Je commencerai par le témoignage du célèbre prestidigitateur Robert Houdin, relativement à ses expériences avec le somnambule Alexis Didier. Il écrivait, le 16 mai 1847, au marquis de Mirville :

Comme j'ai eu l'honneur de vous le dire, je tenais à une seconde séance ; celle à laquelle j'assistais hier chez Marcillet a été plus merveilleuse encore que la première, et ne me laisse plus aucun doute sur la lucidité d'Alexis. Je me rendis à cette séance avec l'arrière-pensée de bien surveiller la partie d'écarté qui m'avait tant étonné. Je pris cette fois de bien plus grandes précautions encore qu'à la première ; car, me méfiant de moi-même, je me fis accompagner d'un de mes amis, dont le caractère calme pouvait apprécier froidement et établir une sorte d'équilibre dans mon jugement.

Voici ce qui s'est passé, et l'on verra si jamais des subtilités ont jamais pu produire des effets semblables à celui que je vais citer. Je décacheté un jeu apporté par moi, et dont j'avais marqué l'enveloppe, afin qu'il ne pût être changé... Je mêle... c'est à moi de donner. . Je donne avec toutes les précautions d'un homme exercé aux finesses de son art Précautions inutiles ! Alexis m'arrête, et me désignant une des cartes que je venais de poser devant lui sur la table :

— J'ai le roi, me dit-il.

— Mais vous n'en savez rien encore, puisque la retourne n'est pas sortie.

— Vous allez le voir, reprit-il ; continuez. Effectivement je retourne le huit de carreau et la sienne était le roi de carreau. La partie fut continuée d'une manière assez bizarre, car il me disait les cartes que je devais jouer, quoique mon jeu fût caché sous la table et serré dans mes mains. A chacune de ces cartes jouées, il en posait une de son jeu sans la retourner, et toujours elle se trouvait parfaitement en rapport avec celle que j'avais jouée moi-même.

Je suis donc revenu de cette séance, aussi émerveillé que je pouvais l'être, et persuadé qu'il est tout à fait impossible que le hasard ou l'adresse puisse jamais produire des effets aussi merveilleux... (Signé : Robert Houdin, dans l'ouvrage de M. de Mirville : Des Esprits et de leurs manifestations, p. 30).

Dans cette expérience il est évident qu'il ne peut être question d'hypothèse télépathique, puisqu'il n'y avait aucune subconscience humaine, présente ou absente, qui connût la marche de la partie d'écarté et les cartes jouées par Robert Houdin.

IVe Cas

Dans ce deuxième exemple, les observations de nature télesthésique ont été obtenues au moyen de l'écriture automatique — ce qui ne modifie aucunement la substance des faits.

Le naturaliste et biologiste russe Alexandre Wilkins rapporte dans les Annales des Sciences Psychiques (1892, page 185), quelques expériences de lucidité qu'il a pratiquées au moyen de l'écriture automatique et dont je retiendrai les passages essentiels :

Pour faire l'expérience, je tirai au hasard une carte d'un jeu, en tenant constamment le revers en dessus et je la posai sur une table ; de cette manière personne ne pouvait connaître la carte et gâter l'expérience par une suggestion mentale involontaire. Je proposai ensuite à une personne présente, Mme Zogwinoff, femme d'un colonel habitant Tachkent et ayant, non pas une grande habitude, mais une certaine pratique de l'écriture automatique, de deviner la carte à l'aide de ce procédé. Cette proposition fut accueillie par l'hilarité générale de tous les assistants, et moi-même je n'étais pas éloigné de la considérer, a priori comme absurde. Néanmoins le succès fut complet et la carte fut désignée exactement.

Depuis lors, j'ai répété cette même expérience un très grand nombre de fois, en faisant varier les dispositions ; par exemple en enfermant la carte dans une enveloppe, en substituant à la carte un mot écrit ou un tracé de figure géométrique : la réussite a été plus ou moins complète. J'ai constaté notamment, comme paraissent l'avoir fait tous ceux qui ont effectué des recherches sur les phénomènes de ce genre, qu'il y a des jours favorables pour les expériences, et que, par contre, il y en a de mauvais.

...La carte n'était jamais nommée immédiatement et en une seule réponse. L'opération était assez longue, et c'est seulement à force d'insistance et après des questions répétées que le nom de la carte était indiqué peu à peu. Parfois la réponse était entrecoupée de mots inutiles et plus ou moins plaisants écrits par le crayon. Voici un exemple d'une expérience de ce genre :

Question : Quelle est cette carte ? — Réponse : Une figure. — Q. Quelle figure ? — R. Un béret. — Q. Alors c'est un valet ? — R. Regarde toi-même et tu verras. — Q. De quel couleur est-il ? — RB. Rouge. — A une nouvelle demande ayant pour objet l'indication définitive de la carte, le crayon répondit en traçant un losange. En retournant la carte on constata que c'était effectivement le valet de carreau...

Ici, le Dr Wilkins hasarde une hypothèse à lui pour expliquer les faits. Il dit :

On peut en conclure à n'en pas douter, croyons-nous, que l'organisme humain possède la facilité de percevoir, par voie télépathique, l'impression d'objets inanimés. Dans les cas indiqués ci-dessus, les vibrations moléculaires, ayant pour siège la face inférieure de la carte, ont été transmises jusqu'au cerveau de la personne chargée de l'expérience : des vibrations correspondantes se sont produites dans ce dernier, ou, en d'autres termes, le cerveau a reçu une impression, une image, de la surface inférieure de la carte, surface inaccessible pour l'organe de la vue. Pourquoi cette impression reste-t-elle inconsciente ? Nous ne saurions le dire; mais il est certain qu'un motif quelconque, la faiblesse de son intensité, peut-être, l'empêche de pénétrer jusqu'au domaine du discernement conscient du sujet ; elle reste cachée dans le vaste domaine de l'inconscient. Le sujet pourrait passer sa vie entière à contempler le dos de la carte, et à en voir la forme sans se douter que dans son cerveau il existe aussi une image de l'autre face de la carte, celle qui est cachée. Nous parlons, bien entendu, des personnes normales. L'intervention d'une action inconsciente dévoile la réalité de l'existence de cette image.

Cette théorie de Wilkins, de nature purement inductive et gratuite, vaut, en somme, autant que la plupart des autres. Seulement, il ne faudrait pas l'appeler « vision télépathique » — ce qu'on ne peut absolument pas admettre, ce terme pouvant donner lieu à des confusions théoriques déplorables. Il ne faut pas oublier, en effet, que le mot « télépathie » sert à désigner exclusivement les phénomènes de « transmission de pensée à distance entre un cerveau et un autre », phénomènes qui sont susceptibles d'une explication théorique à part, foncièrement différente de celle à laquelle il faudrait avoir recours pour expliquer le phénomène d'un rapport quelconque s'établissant à distance entre un cerveau pensant et un objet inanimé — ce qu'il a été justement convenu de désigner par le terme « télesthésie ». La différence existant entre les modalités de manifestation des deux groupes de phénomènes est absolument énorme, ainsi que je l'ai fait observer déjà, puisqu'elle amène à des déductions théoriques divergentes et d'une importance capitale.

Quant à la remarque de Wilkins, que le processus pour parvenir à faire indiquer la carte à jouer était assez long, les renseignements étant fournis d'une façon fragmentaire, à la suite de questions incessantes, je fais remarquer que ce processus est si fréquent dans la phénoménologie dont nous nous occupons, qu'il peut presque être considéré comme constituant une règle. En conséquence, on ne peut s'empêcher de se demander : Pourquoi cela ? Voici : La manière très fugace selon laquelle les images révélatrices se présentent au sensitif laisse supposer que l'état de rapport clairvoyant est d'une extrême instabilité, de façon à ne durer qu'un instant ; d'où la nécessité que l'expérimentateur s'efforce de rétablir sans cesse cet état de rapport au moyen de demandes insistantes, destinées à servir de stimulants dans la subconscience du sensitif. Je citerai, à ce sujet, l'observation suivante du docteur Wiltre relativement à une somnambule qui avait découvert un cadavre au fond d'une mare : « Je devais répéter continuellement les questions : Que voyez-vous ? Ne voyez-vous rien ? Voyez-vous le fond ? »

Et si je m'arrêtais un instant, la somnambule recommençait à ronfler profondément (Proceedings of the S. P R., vol. VII, p. 77).

Ve Cas

Dans cet autre cas de perception télesthésique de cartes à jouer couvertes, il faut noter cette particularité, que la personnalité médiumnique qui a indiqué correctement les cinq cartes, les a fait, d'autre part, extraire des cinq jeux, montrant ainsi qu'elle était capable de diriger les mains inconscientes des expérimentateurs : — phénomène qui est loin d'être nouveau en métapsychique, mais dont toute confirmation ultérieurement présente beaucoup d'intérêt, à cause de la valeur théorique que le dit phénomène pourrait revêtir pour l'interprétation de certaines catégories d'expériences super-normales, à partir des systèmes de divination par les cartes à jouer (cartomancie), — qui ne seraient plus, alors, de simples méthodes empiriques destinées à provoquer l'état d'hypnose favorable au dégagement des facultés subconscientes, — pour finir avec quelques groupes de phénomènes de pré-cognition, tels que la prédiction de numéros au tirage d'une loterie, ou la prédiction de la situation dans laquelle devra se trouver un individu. Il ne s'agirait plus, alors, de phénomènes de pré-cognition dans la stricte signification du terme, mais de phénomènes déterminés télépathiquement par la personnalité médiumnique qui les annonce par avance. Bien que ces remarques ne se rapportent pas au thème dont nous nous occupons, j'ai cru devoir les signaler pour l'intérêt qu'elles présentent, et parce que l'incident auquel elles se réfèrent est combiné à un cas de télesthésie.

J'extrais ce cas des Annales des Sciences Psychiques (1919, p. 54) ; il fait partie d'une série fort remarquable d'expériences organisées à Bruxelles en 1915, chez l'ingénieur M. Henri Poutet. Voici le procès-verbal de la séance du 15 mai 1915 :

Sont présents : H. Poutet ; Mad. P.. ; Maurice D... ; Jane.,. ; Sim... ; Mad. S... ; De Vader (invité).

A moins d'indications contraires, toutes les opérations sont exécutées d'après les instructions typtologiques de l'entité « Stasi ».

Mme P... prend un jeu de 52 cartes, mêle, coupe et extrait une carte, inconnue de tous, qu'elle glisse sous une statuette.

Il s'agit de déterminer cette carte.

Maurice D... médium, dit à De Vader, invité à cette séance, de prendre un deuxième jeu, de le mêler à volonté et de le déposer sur la table. Maurice D... prend son épingle de cravate, pique à la volée dans le jeu et prie l'invité de prendre, sans le regarder, la carte en dessous de l'épingle; puis de la glisser sous la statuette à côté de la première. Cette opération est appelée « piquage »,

Maurice D. .. doit procéder à l'opération dite du « Pendule ». Pour cela, l'invité prend un troisième jeu, mêle à volonté et attend. Maurice D... prend sa montre suspendue à sa chaîne ; il tient celle-ci entre le pouce et l'index, de sorte que sa montre, constituant le pendule, puisse osciller librement à un centimètre du dessus de la table.

L'invité prend alors les cartes du jeu qu'il vient de mêler et les fait glisser une par une, face en dessous, donc invisibles, sous la montre du médium... Au passage de la douzième, le bras qui tient le pendule est brusquement contracture, la montre s'agite, oscille violemment. Le médium dit qu'il faut prendre cette carte et la mettre sous la statuette avec les deux précédemment tirées, sans la regarder.

« Stasia» demande que Maurice D... et Sim... procèdent à l'opération appelée « élimination » (qui consiste à disposer les cartes des deux jeux en de petits paquets pour découvrir ensuite successivement et simultanément les cartes des deux paquets, en éliminant celles qui ont la même valeur, au fur et à mesure qu'elles se présentent).

Les deux membres désignés s'exécutent, et l'élimination laisse finalement une carte inconnue à chaque opérateur. Ces deux cartes sont glissées sous la statuette.

H. Poutet dit à « Stasia » : « Veux-tu nous dire à quoi tu veux aboutir ?

Stasia : « Oui, que Maurice D... écrive ».

Maurice D... prend le bloc-notes, tient le porte-plume appuyé sur le papier et, après avoir tracé quelques caractères informes, écrit automatiquement : « as de carreau...

Stasia: « Voyez sous la statuette et vous comprendrez » .

De Vader, l'invité légèrement sceptique, s'empresse de retirer toutes les cartes glissées sous la statuette et qui sont les résultats successifs d'opérations diverses exécutées avec cinq jeux différents.

L'expression d'ironie sceptique fait immédiatement place à un ahurissement et à un effarement comiques, car toutes les cartes rendues visibles sont des as de CARREAU.

Dans le récit qu'on vient de lire, le phénomène de perception télesthésique est tellement net et incontestable, qu'il ne demande pas à être commenté ; il est remarquable qu'il ait pu se reproduire cinq fois de suite sans incertitudes ni erreurs.

Relativement aux quatre méthodes par lesquelles furent extraites les cartes des cinq paquets, il nous faut signaler spécialement celle appelée « élimination », à cause de la durée du « rapport télesthésique », exigée par la longue opération. Mr Henri Poutet dit à ce sujet :

En effet, il est visible que les deux opérateurs Maurice D... et Sim,.., sous une fausse apparence de libre arbitre dans le choix du nombre de paquets et du nombre de cartes qui les composent, ne sont que des instruments entre les mains d'une puissance X, qui voit sans discontinuer pendant toute la durée de l'opération les cartes résidus et qui agit constamment sur le système musculaire avec une certitude déconcertante pour obliger les opérateurs à ne jamais avoir ensemble les cartes résidus qui répondent à la carte à déterminer.

VIᵉ Cas

Dans le cas qui suit, et qui a été publié par le *Light* (1904, p. 233), il s'agit d'un document égaré et retrouvé ensuite par l'entremise d'un clairvoyant ; mais au point de vue des formes de manifestation, cet épisode ne diffère pas beaucoup de ceux qui le précèdent.

Le document en question concernait les vastes propriétés rurales d'un certain Mr William R. Edgerly, et l'avoué de celui-ci, avocat Cilley, avait été à San Paulo (Minnesota) pour le chercher, mais inutilement. Après avoir exposé cette situation, le narrateur continue en disant :

Quelques jours après, l'avoué Cilley revint à San Paulo accompagné d'un clairvoyant, qui paraissait avoir une cinquantaine d'années. Ce clairvoyant tut conduit aux Archives où l'on gardait les documents légaux et on lui donna le numéro du dossier égaré, ainsi qu'un résumé de son contenu. Le numéro était 86.575 ; mais l'avoué Cilley, par méprise, écrivit 85.575.

Avec ce numéro dans l'esprit, le clairvoyant commença son travail, tombant dans une sorte d'état somnambulique et devenant très nerveux. Après être passé rapidement d'un bout à l'autre des Archives, il s'approcha de M. Cilley en lui disant qu'il avait commis une erreur, mais sans spécifier laquelle. L'avoué commença par nier, mais le sensitif insista catégoriquement, et alors on découvrit l'erreur du numéro donné.

La correction faite, le clairvoyant reprit son travail, le regard étrangement assombri, parcourant d'un pas rapide et agité, dans tous les sens, les rayons des archives, contenant plus de 90.000 dossiers, tous identiques à celui qu'il s'agissait de trouver. Après quelque temps, il murmura : « Il n'est pas ici, il n'est pas ici ; il est plus haut », et il reprit aussitôt sa course folle, en avant et en arrière, avec une main levée et tournée vers les rayons. Puis il s'arrêta d'un coup, leva le bras aussi haut qu'il lui fut possible, sortit un dossier des rayons et, s'adressant aux assistants, il s'écria avec un accent de certitude absolue : « Voici la pièce que vous cherchez ».

Le chef de bureau, major Robinson, entouré des autres employés, prit le dossier ; leur foi dans l'habilité du sensitif tomba aussitôt : le numéro du dossier était 46.133. L'un d'eux dit au clairvoyant : « Vous vous trompez ; ce n'est pas celui ci ». Mais le clairvoyant ouvrit la chemise du dossier et, au milieu d'un grand nombre de papiers concernant un cas de divorce, il sortit le document égaré, qui n'avait rien de commun avec les papiers parmi lesquels il fut trouvé. Le clairvoyant le remit à l'avoué Cilley avec une contenance modeste et tranquille, comme si rien d'extraordinaire n'était arrivé, et sans fournir aucune explication au sujet de ses facultés super-normales.

On parla alors de « télépathie mentale » ; mais on reconnut que cette supposition était inadmissible, puisque personne ne savait où se trouvait la pièce égarée. Aussi le chef de bureau eut bien raison de s'écrier : «Voilà une des choses les plus étranges auxquelles j'aie assisté de ma vie ! »

Il y avait dans les archives 100.000 chemises contenant des documents légaux ; sans l'intervention du clairvoyant, aucun doute que le document égaré aurait été considéré comme perdu ; en effet la chemise dans laquelle il fut trouvé contenait les pièces d'un cas liquidé et classé, et personne n'aurait songé à les consulter.

On demanda à l'avoué Cilley comment il lui était venue l'idée d'avoir recours à cet homme ; l'avoué expliqua que, quelques mois auparavant, le même sensitif lui avait prédit que son enfant malade ne mourrait pas, alors que les médecins avaient déclaré que tout espoir était perdu. Il avait manifesté en d'autres occasions aussi ses facultés super-normales. C'est à la suite de cela que M. Cilley avait imaginé d'avoir recours à lui pour la recherche du document disparu.

Dans le récit qu'on vient de lire se trouve un détail assez énigmatique : celui du sensitif qui perçoit que le numéro qu'on lui a livré n'est pas celui du document égaré. Comme l'incident s'est produit après que le sensitif eut parcouru de long en large les archives, la seule explication plausible de l'incident consisterait à supposer qu'en passant à côté du dossier portant le numéro erroné 85.575, le clairvoyant ait perçu que l'enveloppe ne contenait pas le document égaré. En ce cas, cet incident aussi serait nettement télesthésique.

D'ailleurs, même pour ce qui concerne la découverte du document, on note un détail qui nous porterait à croire que l'orientation télesthésique s'est produite d'une manière analogue. Le clairvoyant s'écrie en effet : « Il n'est pas là, il n'est pas là ; il est plus haut », ce qui montre bien qu'il en avait perçu à distance l'existence, en le localisant « plus haut », comme il avait perçu la non existence du même document dans la chemise portant le numéro erroné.

VIIe et VIIIe Cas

En venant à rapporter quelques exemples de « lecture, les yeux fermés », il est juste d'accorder la préséance aux expériences qui ont été faites avec Alexis Didier, le somnambule justement célèbre, dont nous avons déjà parlé. Je commencerai par le passage suivant du Rapport de M- de Mirville sur les séances qu'il avait organisées avec Robert Houdin :

R. Houdin, après avoir fait sauter les inutiles bandeaux du somnambule, tire de sa poche un livre à lui, et le prie de lire à huit pages de là, à une hauteur indiquée. Alexis pique avec une épingle aux deux tiers de la page, et lit : « Après cette triste cérémonie... » Assez, dit R. Houdin, cela suffit ; cherchons. Rien de semblable à la huitième page, mais à la page suivante, même hauteur, on lit : « Après cette triste cérémonie ...» « Cela suffit, dit Houdin ; quel prodige ! ». (De Mirville ; œuvre citée, p. 24).

J'extrais ce deuxième exemple d'un long Rapport d'Alphonse Karr, le célèbre écrivain français.

Quelqu'un prit un livre parmi une trentaine de volumes qui se trouvaient dans le sillon. On ôta, les bandeaux d'Alexis, puis on lui présenta un livre ouvert. Il demanda à quelle page on voulait qu'il lût. Le livre était ouvert à la page 139 ; je demandai qu'il lût à la page Î45. Le somnambule, les yeux fixés sur la page 139, répondit : Je vois écrit, en lettres italiques, à la page 145, à cette place (et il indiqua les deux tiers de la page). Les Mystères de Paris. On ouvrit le livre, et à la page 145, on trouva écrit, en lettres italiques, ces mots : Les Mystères de Paris.

On recommença l'épreuve sur un autre volume. On demanda au somnambule de lire à la dixième page après celle qu'il voyait. Les mots indiqués par Alexis ne se trouvèrent pas à la dixième page ; il dit : C'est que j'aurai lu plus loin ; Je suis sûr de les avoir lus. Les mots se trouvèrent quatre ou cinq pages plus loin. (Henri Delaage : Le Sommeil magnétique expliqué par le somnambule Alexis ; p. 138).

Il est curieux de remarquer que sur les trois expériences citées, il y en a deux dans lesquelles Alexis s'est légèrement trompé de page ; ceci n'enlève rien à la signification télesthésique des faits, mais peut constituer un élément non négligeable pour la recherche de causes.

IXe Cas

Ces autres épisodes ont été obtenus par des procédés médiumniques. — Mr. F. H. Worsley-Beninson (Newton Lodge, Chepstow) écrit dans les termes suivants au Directeur de la revue Light (1917, p. 162). Les deux incidents qui suivent me semblent peu communs ; ils pourront donc intéresser vos lecteurs. Il y a quelques années, durant une heure d'expériences avec la « table tournante », j'ai écrit un nom sur un bout de papier et, le tenant enfermé dans ma main, j'ai demandé à l'ami qui était assis au guéridon, à l'extrémité opposée de la chambre, de me dire le nom que j'avais écrit. Le guéridon s'est mis aussitôt en mouvement, en épelant exactement le nom que je venais d'écrire. J'ai écrit alors deux autres noms, qui ont été également devinés. Seulement, ces expériences peuvent s'expliquer par la télépathie, et je n'y fais allusion qu'à titre d'introduction à ce deuxième incident, que la télépathie ne peut guère expliquer.

Quand je me suis rendu compte que le guéridon répondait exactement à mes questions, j'ai pris un livre et, sans l'ouvrir, j'ai introduis un doigt au hasard au milieu des pages, en demandant qu'on m'indiquât le numéro de la page dans laquelle je tenais le doigt. La table a frappé 172 fois, lentement, nettement, après quoi elle s'est arrêtée. J'ai alors ouvert le livre et j'ai constaté que mon doigt se trouvait entre les pages 172 et 173 !

Dans une autre occasion, où se trouvait présent un dignitaire de l'Eglise, mon ami, on a répété avec succès la même expérience. Les seules différences dans la production des faits ont été celles-ci : que la réponse a été donnée par des « raps » (coups frappés à l'intérieur du bois), au lieu des coups frappés par un pied du guéridon (typtologie), et que la manière dont laquelle a été dicté le numéro à deviner ont été différentes. Je commencerai par dire que, quelques années s'étant passées depuis le jour de cette séance, mon ami ne se souvient plus du numéro deviné ; c'est pourquoi, pour la netteté de l'exposé, je dois prendre un numéro quelconque : ce sera 254. Inutile de faire remarquer que cette substitution n'enlève rien à la valeur de l'expérience, qui a réussi aussi parfaitement que la précédente, pour laquelle je garantis l'exactitude du numéro 172, que je n'ai jamais oublié.

Le même ami dont j'ai parlé déjà était assis au guéridon ; l'ecclésiastique introduisit une feuille de papier dans les pages d'un livre fermé, en demandant le numéro de cette page. Deux coups se firent entendre dans la table. On demanda : « C'est tout ? » — R. « Non. »

— D. « Alors, continuez ». — (Cinq coups suivirent). — D. « Devons-nous attendre encore ? » — R. « Oui ». — D. « Continuez donc ». — (Quatre autres coups). — D. « C'est fini ? ». — R. — « Oui ». — On ouvrit le livre au point où se trouvait intercalée la feuille de papier, et l'on trouva que celle-ci était entre les pages 254 et 255. — Je déclare que j'ai exposé nuement et scrupuleusement les faits, tels qu'ils se sont réalisés. — (Signé : J. H. Worsley Benison).

Xe Cas

Le cas suivant, qui s'est aussi déroulé par un procédé médiumnique, est absolument analogue aux cas de « lecture dans des livres fermés » obtenus par le Rév. William Stainton Moses. Il a été publié pour la première fois dans la Revue Spirite et il a été reproduit par Gabriel Delanne dans son ouvrage : Recherches sur la Médiumnité (page 331). M. Delanne ajoute que la personne qui l'expose est professeur de philosophie, vieil ami de sa famille.

Résumant en quelques mots la première partie du récit, je dirai qu'au cours de quelques séances médiumniques au moyen de la « planchette », comme on avait obtenu différents diagnostics de maladie qui avaient ensuite été reconnus exacts, ainsi qu'une prédiction véridique au sujet de la date à laquelle serait mort un malade, le professeur adressa, un soir, à la « planchette » les propos suivants :

— Puisque ta clairvoyance s'étend à distance, que tu déchiffres nos pensées dans notre cerveau, à plus forte raison dois-tu pouvoir lire à livre fermé.

R. Oui.

D. — Veux-tu bien alors nous transcrire la première ligne de la 290e page du plus gros de ces volumes ?

M. R indiquait un respectable bouquin dont il ignorait jusqu'au titre et qui reposait, avec quelques autres, enseveli sous une épaisse couche de poussière, au-dessus du dernier rayon de la bibliothèque de son père.

La corbeille, sur le champ, traça cette ligne: « à témoin, luy Cardinal, de ce qu'il luig en avait dit... »

M. K. dut prendre une échelle pour atteindre le bouquin qui se trouvait être un Mainbourg : Histoire de la ligue. Vérification faite, la ligne demandée était reproduite lettre par lettre, relevant ainsi le défi porté par M. de Gasparin dans son ouvrage sur les tables tournantes.

Inutile de discuter la genèse probable des deux dernier cas que nous avons rapportés, c'est à-dire s'il faut les attribuer aux facultés télesthésiques subconscientes des sensitifs, ou s'il ne faut pas plutôt les considérer comme étant d'origine spirite. Les modalités médiumniques par lesquelles elles se manifestent ne sont pas de nature à nous fournir la clé de la question ; il serait malaisé de présenter une preuve quelconque en faveur de leur origine spirite. Je me bornerai donc à rappeler que tout phénomène « animique » peut être envisagé comme « spiritique » en des circonstances spéciales ; par contre, tout phénomène, spirite en réalité, peut être jugé d'origine subconsciente, ou « animique ». Cette observation ne peut que paraître logique et naturelle si l'on songe qu'entre l'esprit humain « désincarné » et celui « incarné » il ne pourrait y avoir d'autre différence que celle inhérente au changement d'état. Alors, si dans la subconscience humaine existent, à l'état latent, des facultés super-normales, à plus forte raison celles ci doivent persister et se révéler dans la condition « désincarnée » de l'esprit. Il est donc tout naturel que les phénomènes télesthésiques aient parfois une origine spirite. Nous citerons plus loin quelques épisodes qui feraient pencher notre jugement vers cette dernière hypothèse. Mais à notre point de vue, il nous suffit de faire remarquer que l'intérêt des phénomènes télesthésiques ne change point, ou qu'ils proviennent exclusivement des subconsciences des sensitifs, ou qu'ils leur soient en partie étranger ; et ceci parce que le seul but de cet ouvrage est d'en démontrer l'existence.

Maintenant nous parlerons des phénomènes de télesthésie qui se rapportent à des sujets plus ou moins éloignés de l'endroit où se trouve le sensitif. Je déclare cette fois encore que je ne m'occuperai point des innombrables épisodes où la visualisation concerne des personnes, des objets, des conditions de milieu connus à des personnes présentes ou lointaines, car, en ces circonstances, il ne serait pas possible d'éliminer l'objection télépathique avec lecture relative dans les subconsciences des autres. Je répète même que cette objection n'est pas purement théorique ; elle est incontestablement fondée. Cependant j'ajoute encore que le fait d'admettre ce fait ne signifie nullement que les épisodes d'une telle nature soient nécessairement télépathiques, et je dis, au contraire que tout contribue à laisser supposer qu'en certaines circonstances nous nous trouvons en face d'incidents télépathiques ou télesthésiques entremêlés les uns aux autres. Ceci est montré également par les erreurs d'interprétation dans lesquelles tombent parfois les sensitifs, erreurs qui ne concordent guère avec l'hypothèse télépathique, tandis qu'elle suggèrent irrésistiblement l'hypothèse télesthésique.

Ainsi, par exemple, le docteur Beaunis rapporte un épisode où la somnambule a décrit une dame de la connaissance du docteur avec des détails très précis au sujet du milieu dans lequel la dame se trouvait en ce moment (milieu inconnu du docteur Beaunis), mais en se trompant étrangement au sujet d'un détail bien connu par celui ci : la dame avait plusieurs enfants en bas âge, et la somnambule affirma qu'elle n'avait pas d'enfants, puisqu'elle n'en voyait point. Or il résulta que la dame se trouvait à ce moment-là chez sa sœur (c'était là le milieu décrit par la somnambule), où il n'y avait pas d'enfants. (Annales des sciences Psychiques, 1914, pages 35-36).

Comment expliquer, par la lecture de la subconscience de la dame envisagée, cette erreur apparente de la somnambule ? Il est évident que, si cette dernière avait été en rapport avec la subconscience de cette dame, elle aurait aussitôt appris que celle-ci était mère de plusieurs enfants.

Il est donc manifeste que les erreurs de cette sorte tendent à prouver que, même dans les cas de visualisation de personnes, d'objets, de milieux connus des assistants ou des absents, on ne peut exclure la possibilité de la réalisation sporadique d'épisodes télesthésiques mêlés à ceux d'ordre télépathique ; quelquefois, l'origine télesthésique des premiers, tend à faire supposer que les autres soient également télesthésiques, malgré les apparences.

Ceci dit touchant la correction dans l'appréciation des faits, je ne m'occuperai pas ultérieurement du groupe abondant en épisodes qui se manifestent dans les conditions ici indiquées.

XIe Cas

Je débuterai encore en cet exposé de cas par le nom du somnambule Alexis Didier, dont les expériences dans le domaine de la lucidité, constituent un recueil d'épisodes très divers et supérieurement instructifs et significatifs : Henri Delaage raconte.

M. Vivant, ancien négociant, demeurant 14, rue de la Victoire, se rend chez le magnétiseur Marcillet pour y consulter son somnambule Alexis.

— Pourriez-vous me dire, Alexis, le motif qui m'amène auprès de vous?

— Vous venez, Monsieur, pour une perte que vous pensez avoir faite.

— C'est vrai.

— Voyez-vous de quelle nature est cette perte ?

— Ce sont quatre billets de 1000 francs chaque, placés par vous dans votre secrétaire, et que vous n'y retrouvez plus.

— C'est encore vrai.

— Donnez-moi le portefeuille qui est sur vous, répliqua Alexis ; comme vos billets y sont restés quelque temps, il me sera plus facile de les retrouver en le touchant.

M. Vivant lui ayant remis ce portefeuille, le somnambule lui dit que les 4000 francs qu'il y avait renfermés provenaient d'un de ses amis, qui les lui avait confiés pour acheter de la rente ; ce qui était vrai ; puis il fit la description du domicile de son interlocuteur, allant même jusqu'à lui dire et son nom et son adresse. Emerveillé d'une telle lucidité, il le pria de continuer. — Je le veux bien, répondit Alexis, mais à la condition que vous retirerez une plainte que vous avez portée chez votre commissaire de police ; plainte, je vous assure, qu'il serait juste de faire diriger contre vous, ajouta-t-il en souriant, car vos billets n'ont pas bougé de votre secrétaire !

Ayant aussitôt quitté Alexis, M. Vivant se rendit chez lui, retourna tous ses papiers, les rangea même un par un, mais ne retrouva pas ses 4000 francs. Revenu de nouveau, le somnambule parut d'abord étonné qu'il n'eût pas en main ses billets, l'accusant même de les avoir mal cherchés ; mais, réfléchissant un instant : « Attendez donc, dit il..., je pensais que vous deviez voir comme moi, mais il ne peut en être ainsi... Votre meuble, comme vous le savez, est très ancien ; quelques crevasses s'y sont formées, et c'est dans l'une d'elles que vos billets sont tombés ! Retournez chez vous, cherchez où je vous indique, et je vous réponds du succès.

Bien que les nouveaux renseignements d'Alexis parussent peu concluants à M. Vivant, celui-ci, rentré chez lui, visita néanmoins minutieusement son secrétaire, et reconnut qu'effectivement le bois s'était déjeté en plusieurs endroits, se munissant aussitôt d'un morceau de fil de fer, il sonda dans les ouvertures qu'il venait d'apercevoir, et retira bientôt, à son grand étonnement et sa vive satisfaction, ses quatre billets de 1000 francs enfouis dans l'une d'elles !... (Henri Delaage : lie Sommeil Magnétique expliqué par le somnambule Alexis p. 154).

Dans ce premier exemple, le seul incident qui milite en faveur de la télesthésie est naturellement celui de la vision, de la part du somnambule, de la cachette non régulière dans laquelle étaient tombés les billets, cachette dont l'existence était ignorée de M. Vivant comme de tout le monde. Il ne paraît donc pas possible de contester l'origine télesthésique de ce fait.

Au point de vue théorique, je noterai une phrase significative d'Alexis. Il demande au consultant : « Donnez-moi le portefeuille qui est sur vous ; comme vos billets y sont restés quelque temps, il me sera plus facile de les retrouver en les touchant ». On pénètre donc dans le véritable et propre domaine de la « psychométrie ». Il faudrait en inférer que les phénomènes de télesthésie se produisent par une « mise en rapport » de la subconscience du sensitif avec l'objet lointain, de même que les phénomènes de psychométrie se produisent par une « mise en rapport » de la subconscience du sensitif avec celle de l'individu lointain, propriétaire de l'objet psychométré. En cette dernière circonstance, il s'agirait donc de lecture de la pensée subconsciente à distance ; tandis que dans la première, il y aurait perception directe de l'objet même : ce qui ne signifie cependant pas que cette perception se produise sous la forme de vision directe, et non plus de vision indirecte par l'entremise des centres optiques ; puisque, comme nous l'avons dit, tout contribue à nous montrer que les visualisations, telles qu'elles se présentent au sensitif, ne semblent être que des images « pictographiques » de nature à renseigner, transmises par le Moi subconscient au conscient. Je me réserve de revenir sur ce sujet dans ma synthèse de conclusion.

XIIe Cas

Ce cas, se rapportant, de même, au somnambule Alexis Didier, est extrait de l'ouvrage cité d'Henri Delaage (p. 105) :

M. Ferrand, marchand quincaillier à Antibes, ayant trouvé dernièrement dans sa propriété une pièce de monnaie en argent frappée du temps des Romains, l'envoya à ses correspondants de Paris, MM. Deneux et Gronnot aîné, commissionnaires en quincaillerie, 18, rue du Grand-Chantier, en les priant d'aller avec cette pièce chez le magnétiseur Marcillet pour consulter Alexis à ce sujet. Ce dernier, une fois passé à l'état somnambule, leur dit qu'il voyait chez M. Ferrand, à Antibes, une petite urne enfouie dans quelques pieds en terre... renfermant une assez grande quantité de ces mêmes pièces... mais qu'il lui faudrait le plan de la propriété, afin de mieux désigner le lieu où ce petit trésor avait été enterré. Le plan ayant été envoyé par M. Ferrand à ses correspondants, puis communiqué ensuite par eux à Alexis, il leur indiqua, en faisant une marque au crayon, l'endroit où l'on devait creuser. Les instructions du somnambule ayant été suivies, l'urne indiquée par lui fut trouvée... Elle contenait trois kilogrammes cinq cents grammes de pièces de monnaie en argent semblables à celle qui lui avait été remise précédemment .

Dans ce cas le fait télesthésique ressort précis et indubitable, sans qu'il soit possible d'en ébranler les bases par des subtilités théoriques. Effectivement, si dans le cas précédent l'on pouvait encore imaginer que la subconscience de M.Vivant connût, d'une manière quelconque, l'existence de fêlures dans son coffre, et partant, la possibilité que les billets y fussent tombés, dans le cas d'Antibes, au contraire, ces sortes de doutes ne peuvent pas exister, puisque les circonstances de l'existence de l'urne enterrée, et surtout de l'indication précise du point où elle se trouvait, ne pouvaient pas constituer des notions subconscientes de M. Ferrand, pas plus, d'ailleurs, que d'aucune autre personne vivante. Il en résulte que l'explication télesthésique du fait s'impose sans aucune restriction. Je ferai remarquer, enfin, que, cette fois encore le phénomène s'est réalisé à l'aide de la psychométrie.

XIIIe Cas

Puisque nous nous occupons de trésors cachés, je rapporterai deux autres cas analogues.

Le protagoniste de cet épisode est le célèbre peintre Giovanni Segantini, dont j'ai eu à m'occuper déjà dans mon ouvrage sur les Phénomènes Prémonitoires, au sujet de la vision détaillée qu'il eut de sa mort prochaine et des obsèques — épisode qui joint à cet autre, réalisé au cours de son enfance, le démontre doué de remarquables facultés de voyant.

Sa fille, Mlle Blanche Segantini, parle dans un ouvrage biographique, de l'enfance très pénible de son père, et après avoir raconté que le jeune garçon fut recueilli par un parent résidant à Trente, elle continue :

Lorsqu'il n'était pas retenu au magasin, Jean sortait du pays pour aller vers les collines, et là étendu sur l'herbe, immobile, se prenait à regarder le ciel, à rêver, à désirer d'être libre.

Un fait qui pourrait sembler une fable vint enfin réaliser ce rêve.

Il désirait retourner à Milan, et le désirait si fortement, qu'une nuit, il rêva d'un vieillard qui lui disait : « Va dans la cave de ton frère : à tel endroit tu trouveras enterrée une demi bouteille de monnaies d'or ».

L'enfant, se souvenant au matin, de son rêve, descendit à la cave, fouilla à la place indiquée... et .. trouva dans la terre une demi - bouteille de monnaies anciennes.

Sa joie fut trop grande pour qu'il pût en garder le secret, et il en fit part à un camarade beaucoup plus âgé que lui, lequel, tout de suite, lui proposa de fuir ensemble à Milan.

Ils partirent. Le camarade, sous prétexte qu'il était l'aîné, et qu'il savait mieux faire usage de l'argent le demanda à l'enfant, qui le lui céda volontiers en toute confiance.

Après plusieurs heures de marche, ils se sentirent las, et l'aîné encouragea le plus petit à se reposer et à faire un somme.

Celui-ci s'étant couché sur l'herbe, ne tarda pas à s'endormir. Lorsqu'il s'éveilla, il chercha son compagnon... mais en vain .. et se trouva si désolé qu'il ne sut plus que devenir.

Bref, il resta dans un grenier durant trois nuits éternelles, après quoi il fut saisi d'une faim épouvantable ; à la fin du quatrième jour, se sentant exténué, il se traîna jusqu'à une ouverture pratiquée dans le plancher et fit tomber par elle ce qu'il pouvait trouver, quelques cailloux et du foin pour attirer l'attention.

Le hasard qui rend possible les choses impossibles voulut que l'homme qui surveillait les vaches à l'étable s'aperçut de cette rumeur insolite ; mis en éveil, il lui sembla aussi entendre une plainte.

Ayant couru au grenier, il trouva le petit Jean sans connaissance.

De longs soins rendirent la vie et la santé à l'enfant, qui fut porté chez son beau-frère et conduit par ce dernier à Milan. (Cité par les Annales des Sciences Psychiques, 1912, p. 224).

Dans cet épisode, le détail de l'apparition du vieillard constitue vraisemblablement une représentation onirique ; il s'agirait donc d'un phénomène de télesthésie dans le sommeil, provoqué par le très vif désir de l'enfant de se rendre à Milan, où il espérait débuter dans sa carrière d'artiste. Le détail ferait d'ailleurs penser à une certaine finalité dans le rêve télesthésique de l'enfant, étant donné que le but a été atteint, malgré le malheur qui arriva de se voir voler du petit trésor.

XIVe Cas

Je puise cette extraordinaire aventure de trésors cachés dans le Bulletin de la Société d'Etudes Psychiques de Marseille (1912, page 98) ; il y est exposé par le Président de ladite Société M. A. Anastay.

A l'île de Mayotte, dans l'archipel des Comores (Canal de Mozambique), où les indigènes n'ont d'autre culte que celui des morts, on organise quelquefois des séances médiumniques. M. Urbain, qui a rédigé, durant plusieurs années, dans ce pays, en a fait une description intéressante à M. Anastay, que celui-ci rédigea et soumit à la révision de M. Urbain. C'est de ce rapport que j'extrais le passage suivant :

Il y a trois ans, à Mayotta, dans une fête, un esprit vint donner des détails précis sur une somme d'argent cachée de son vivant, ce que tout le monde ignorait. Voici comment la chose se passa:

Cet indigène, qui était avare de son naturel, possédait un boutre arabe (grande embarcation de dix tonnes) avec lequel il faisait la traversée du canal de Madagascar, et qu'il louait pour une somme de cent francs par voyage. Ce boutre était en mauvais état ; mais réparé tant bien que mal, il continuait à faire son office, lorsque son patron vint à mourir.

On supposait qu'il avait mis de l'argent de côté du fait de cette entreprise ; mais comme aux Comores il n'existe pas de banquier, et que les indigènes ont l'habitude d'enfouir leur pécule tantôt à un endroit, tantôt à un autre, généralement dans la terre, au pied d'un arbre, on ne savait où s'adresser pour s'en assurer.

La famille eut l'idée de se procurer les renseignements nécessaires auprès du mort lui-même, et on consulta pour cela un des « entrancés ».

Le résultat fut le conseil donné à la veuve, au nom de l'esprit, de continuer l'entreprise en s'associant avec un parent qui fut désigné ; en faisant effectuer, pour cela, les réparations nécessaires au boutre.

Le plus curieux de l'affaire fut la façon dont fut désignée la cachette où se trouvait l'argent, et qui rappelle un peu l'histoire du scarabée d'Edgard Poe. Il fut dit à la veuve de mesurer la ligne droite joignant deux pieds d'un lit se trouvant dans la case qui avait été habitée par le défunt (pieds arrêtés, selon l'usage, sur deux pierres fixées en terre) ; de creuser au milieu de cette ligne ; le trésor serait trouvé là. On creusa, et le trésor fut trouvé.

Ce fait est de notoriété publique à Mamoutzou, dont le chef de village s'appelle Batholo. La case ainsi que la femme y existent toujours...

(M. Urbain ajoute qu'il a questionné personnellement les protagonistes du fait, estimé par lui absolument incontestable, bien qu'il ne parvienne pas à s'en rendre compte).

L'origine télesthésique, ou autre, de cet épisode dépend de l'interprétation théorique à laquelle on aura recours pour l'expliquer ; c'est-à-dire que, si l'on attribue au fait le caractère d'un phénomène dû à la subconscience, il est alors télesthésique. Si par contre on est porté à le croire spirituel, il perd son caractère télesthésique. En effet il ne s'agirait plus d'une vision ou perception à distance d'un objet inanimé inconnu au voyant (et pour la théorie, peu importe si celui-ci est le sensitif lui-même, ou bien un défunt qui communique par l'entremise du sensitif) ; on serait en présence d'une révélation de l'au-delà dans le strict sens du mot, puisque le renseignement obtenu se rapportait à un fait connu du défunt qui se manifestait.

XVe Cas

Le cas suivant, au contraire, pourrait être considéré en même temps comme spiritique et télesthésique. Il a été enregistré par le docteur Kerner dans son ouvrage sur La Voyante de Prevorst (page 135 de l'édition française).Cas complexe, le récit en est long ; je n'en rapporterai donc que le passage contenant le détail télesthésique-spiritique, en y ajoutant les renseignements indispensables pour le rendre intelligible.

Le Dr Kerner écrit :

Mme Hauffe (la Voyante de Prévorst) vint à Weinsberg le 25 novembre 1826. Elle n'y connaissait personne, pas même moi, et logeait dans une petite pièce au rez-de-chaussée, près de la maison et au-dessus des caves de M. Fezer, sur lequel elle ne savait rien. M. Fezer lui était tout à fait étranger et ne savait pas qu'elle habitait là : il ne connut que par moi les faits qui suivirent. Il est possible que Mme Hauffe ait entendu dire qu'un certain K... avait conduit les affaires de M. Fezer d'une façon tout à fait déplorable ; mais si cela fut, elle ne se le rappelait nullement. Cet homme était mort depuis quelques années ; elle ne l'avait jamais vu ; elle n'avait aucun rapport avec qui que ce fût, s'occupant des affaires de cet homme ou de celles de M. Fezer, dont on ne parlait plus dans le public.

Dès le premier soir, étant tombée naturellement dans une transe magnétique, avant que je l'eusse magnétisée, elle dit qu'il y avait là près d'elle un homme, dans une contenance vraiment pitoyable, qui semblait attendre quelque chose d'elle sans qu'elle pût comprendre ce que c'était. Le 24 décembre, étant plongée dans le sommeil magnétique, elle dit : « Voici encore cet homme : il sort des caves situées ici au-dessous, à l'heure où je m'endors. Oh ! comme il devrait s'en aller ! Car il trouble mon sommeil et je ne puis rien pour lui. Je puis montrer où il se tient dans la cave : c'est derrière le quatrième tonneau et il sort à l'heure où je m'endors. Oh ! comme il louche de l'œil droit ! Il s'avance. Oh ! non, arrêtez ; je ne puis rien pour vous ! Personne autre que moi ne l'aperçoit ? Il persiste à me faire des signes et désire me dire quelque chose ».

Le 25ᵉ jour où M. Fezer fut présent pour la première fois, car je pensais que le fantôme pouvait être celui de quelqu'un de ses parents, elles dit : « Le voici encore ! Il trouble mon sommeil. Que veut-il donc me montrer ? Un paquets de dessins, moins grand qu'un in-folio. Le coin droit supérieur est tourné en bas : Sur la gauche il y a un numéro. Sous le premier rang de dessins, je vois un 8 et un 0. Je n'en puis lire davantage. Cela commence par un J. Cette feuille se trouve sous beaucoup d'autres et il n'y fait pas attention. Il désire que j'en parle à mon médecin et que je porte le fait à sa connaissance. Pourquoi me tourmente t-il ainsi ? Ne pourrait-il pas le dire à sa femme ? Il se proposait de le dire avant sa mort, mais il ne s'attendait pas à mourir si vite. Etant mort ainsi, cela adhère à son âme, comme une partie de son corps...

Il est réellement exact que cette personne mourut inopinément. Elle décrivit ses traits avec une telle exactitude, spécialement l'œil louche, que je reconnus que c'était le défunt K... Elle ajouta : « Il faut que je m'éloigne de lui : je ne puis le supporter un jour de plus ».

Le 26, étant dans un profond sommeil magnétique, elle chercha à découvrir où était le papier. Elle dit : « Il se trouve dans une construction à soixante pas de mon lit. (Il faut remarquer ici que Mme Hauffe n'avait jamais vu cette construction). Là je vois une grande et petite chambre. Dans cette dernière, un personnage très grand travaille devant une table. Voilà qu'il sort, puis revient. Derrière ces chambres, il se trouve une plus grande, où sont plusieurs caisses et une longue table. Il y a là une longue caisse ; quelqu'un se tient à l'entrée, dont la porte reste ouverte. Mais ces caisses n'appartiennent pas à cet homme. Sur la table, il y a trois tas de papiers ; dans celui du milieu, un peu au-dessous de sa partie moyenne, se trouve la feuille qui le tourmente si vivement.

Je reconnus l'édifice pour être le bureau du Haut-Bailli, et croyant que la description de Mme Hauffe n'était qu'une simple vision, j'allai le trouver et le priai de nous permettre de rechercher les papiers, afin de la désabuser.

Le Haut-Bailli, qui considérait aussi tout cela comme un rêve, nous dit qu'elle était cependant dans le vrai en affirmant qu'il travaillait à ce moment : qu'il était également exact qu'il s'était rendu dans la pièce voisine et qu'il avait observé le couvercle de la caisse ouverte. Quoique frappés de ces coïncidences, nous fûmes confirmés dans notre opinion que tout cela n'était qu'un rêve lorsqu'en recherchant les papiers, trop hâtivement peut-être, qui se trouvaient, il est vrai, comme Mme Hauffe les avait décrits, il nous fut impossible de trouver celui auquel nous pensions.

Je priai néanmoins le Haut-Bailli de venir et d'assister en témoin à la chose, la première fois que Mme Hauffe s'endormirait. Après avoir prescrit son traitement elle parla de nouveau de cet homme qu'elle appelait « l'homme qui se tient derrière le quatrième tonneau » où, disait-elle, elle le voyait chaque nuit. Elle me reprocha de n'avoir pas recherché le papier avec plus de soin et me pria de le faire. Elle décrivit avec plus de précision où il se trouvait et ajouta qu'il était enveloppé dans un grossier papier brun. Je déclarai qu'il n'y avait rien de semblable et que fout cela était un rêve Mais elle me répondit avec calme qu'il fallait trouver le papier et qu'on le trouverait.

...Le 31, elle dit : « L'homme de derrière le tonneau menace de me priver du ciel si je ne trouve pas le papier ; mais lui ne peut le faire. Il est mort en y pensant : cela l'attache à la terre et ne lui laisse aucune paix. Si le papier était retrouvé, il pourrait, en priant obtenir son salut. Pour l'amour de Dieu ! Cherchez-le ! Si je pouvais marcher, il serait bientôt retrouvé ». Elle était encore plus agitée à son réveil et il était évident que cette perturbation de son sommeil affectait sa santé et l'abattait. En conséquence, je retournai chez le Haut-Bailli et lui demandai de nous laisser chercher de nouveau, et alors nous trouvâmes réellement enfermé comme Mme Hauffe l'avait décrit, une feuille de papier correspondant absolument avec ses indications jusqu'au coin replié en dessous. Ceci, je l'avoue, me donna une vive émotion, lorsque je le vis, car il était évident que c'était fait depuis bien longtemps. Ce papier contenait la seule preuve montrant que M. K... avait tenu un livre de comptes particulier, qui ne fut pas retrouvé après sa mort et dont, disait-on, sa femme affirmait n'avoir aucune connaissance. . La veuve était sur le point d'être sommée de le produire sous serment. Le fait avait pour résultat de l'avertir, afin qu'elle évitât de commettre un acte capable de la rendre plus malheureuse encore que son mari...

Dans ce fait, le seul détail en faveur de la télesthésie serait celui qui se rapporte au coin droit supérieur tourné en bas dans le document recherché, détail perçu exactement par la voyante. Tous les autres détails fournis pouvaient être puisés télépathiquement dans la subconscience de quelqu'un ; tandis que celui en question, étant de nature accidentelle, ne pouvait être facilement attribué à la lecture dans la subconscience des autres. D'où l'opportunité d'avoir recours à l'hypothèse télesthésique pour se rendre compte des faits.

Maintenant, on peut se demander : « Qui a été l'agent dans cet épisode de vision télesthésique ? Peut-être la Voyante ? Ou bien l'entité qui semblait se communiquer ? Une considération paraîtrait faire pencher la balance du côté de l'entité désincarnée : c'est que pour obtenir le phénomène de la vision télesthésique, il est indispensable que le sensitif dispose d'un « médiateur psychique ou fluidique », au moyen duquel établir le « rapport » entre lui-même et l'objet, ou le milieu à visualiser. Or dans le cas que nous examinons, et pour ce qui concerne la Voyante, on remarque l'absence de tout « médiateur psychique ou fluidique », tel qu'un objet propre à être psychométré, ou bien un lien psychique existant entre la Voyante et le décédé ; à ce point de vue, la manière dont laquelle se produit ce phénomène demeurerait inexplicable. Tandis que pour le défunt Monsieur K., le « médiateur psychique » serait du premier ordre : il s'agirait de l'intérêt personnel, moral et passionnel qui liait le décédé au document. On comprendrait donc qu'entre l'esprit du défunt K. et le document qu'il lui importait tant de signaler aux personnes qui y étaient intéressées, le « rapport » indispensable ait pu s'établir pour le découvrir et lui permettre de le faire connaître aux vivants, grâce à la médiumnité d'une voyante, tombée par hasard dans le milieu où K. avait vécu.

Ces considérations, disons-nous, nous portent à conclure que tout contribue à démontrer qu'en ce cas, le phénomène doit être regardé comme étant d'origine spirite.

XVIᵉ Cas

Dès le début, j'ai prévenu mes lecteurs que je ne m'occuperais pas de cas concernant des objets égarés et retrouvés ensuite grâce à un rêve révélateur, parce que, en ces circonstances, on pouvait arguer avec raison que la personne ayant égaré l'objet pouvait en avoir remarqué subconsciemment la chute, et que ce renseignement pouvait avoir jailli, au cours du sommeil, sous la forme d'un rêve (cryptomnésie). Cependant on enregistre de nombreux exemples dans lesquels l'objet égaré est visualisé en rêve dans l'identique position où il se trouve à terre, et quelquefois avec des détails qui paraissent inconciliables avec l'hypothèse de la cryptomnésie. D'ailleurs, si la télesthésie existe, rien de plus naturel que des cas de ce phénomène se produisent aussi relativement à des objets égarés ; il est donc convenable de rapporter au moins un exemple de cette sorte.

J'extrais le cas suivant des Proceedings of the Society for Psychical Research (vol. XI, page 398). C'est un juge de paix, Mr. E. Gale, qui le communiqua au professeur William James. Parmi les témoignages enregistrés à ce sujet, je me limiterai à rapporter celui que rédigea le protagoniste.

Mr. I. Jesse Squire, de Guilford, comté de Windham, Etat de Vernon, écrit :

Au mois de mars 1887, à 28 ans, j'étais entré en qualité d'employé dans la ferme T. L. Johnson. En septembre de la même année (je ne me souviens pas du jour), je parcourais les champs, à un mille de la ferme, avec un autre employé appelé Wesley Davis. Nous cherchions un troupeau de bœufs qui avait déserté le pâturage ; mais à peine avions-nous découvert les animaux dans une vaste clairière, qu'ils s'enfuirent dans la direction opposée à celle où nous nous proposions de les pousser. Pour les faire revenir sur leur pas. Davis et moi nous commençâmes la poursuite, en nous plaçant chacun d'un côté de la troupe en fuite. Dans la course précipitée, Davis perdit sa montre avec la chaîne, mais il ne s'en aperçut que vers 8 ou 9 heures du soir, lorsqu'il était trop tard pour aller la rechercher. Le lendemain matin, nous revînmes sur place et nous cherchâmes inutilement jusqu'à midi. Davis était très attaché à sa montre, qui lui avait coûté vingt-cinq dollars ; et comme il travaillait pour vivre, il ne pouvait pas se consoler de la perte subie. J'en étais peiné pour lui, ce qui fait que j'ai songé tout l'après-midi à la montre égarée, et quand je me suis couché, j'y songeais encore.

Durant mon sommeil — je ne saurais préciser à quelle heure — j'ai vu la montre dans la position dans laquelle elle se trouvait effectivement sur la clairière, à un mille environ de la ferme. Je la distinguais au milieu d'une herbe haute de dix pouces au moins, le cadran en dessus, et la chaîne en acier décrivant, autour, une sorte de demi-cercle. A trois pieds de la montre, j'apercevais un espace dans lequel l'herbe était foulée par une personne qui s'y était couchée ; à dix cannes plus loin, dans la direction Nord, je voyais une haie de bruyères ; à dix ou douze pieds vers l'Est, il y avait une pierre de granit du diamètre de deux pieds environ, à moitié enfoncée dans le terrain. Quand je me suis éveillé, je gardais l'impression que j'aurais su me rendre directement sur place ; j'ai donc parlé à l'ami Davis de mon rêve, en tachant d'aller récupérer l'objet égaré ; mais Davis n'avait aucunement foi dans mon songe et ne voulait pas y aller. C'était un dimanche matin : malgré les plaisanteries et le rire de toute la famille, j'ai sellé le cheval et je nie suis dirigé, sans aucune hésitation, vers l'endroit rêvé, j'y ai trouvé la montre, exactement dans la position et dans l'endroit que j'avais vu en songe.

Nous avons constaté ensuite que, quand Davis a perdu sa montre je me trouvais au moins à quarante « cannes » de lui. La montre, qui s'était arrêtée par suite de la chute, marquait 9 h. 40 ; il est remarquable que, dans le rêve, j'avais observé même ce détail. — (Signé : J. L. Squire).

Dans ce cas, il est à noter d'abord que ce n'est point la personne ayant perdu l'objet qui a eu le rêve révélateur ; c'est son ami ; ce qui rend plus invraisemblable l'hypothèse de la cryptomnésie. Celle-ci, en effet, aurait dû alors se produire au moyen d'un cas de télépathie entre la subconscience du propriétaire de la montre et celle de son ami. Si l'on ajoute qu'un homme engagé dans une course effrénée ne peut pas remarquer, même subconsciemment, la position exacte qu'a prise une montre qui s'est détachée de son gilet et est tombée au milieu de hautes herbes, on est amené à conclure que l'hypothèse télesthésique est la seule qui puisse nous rendre compte de ce fait.

XVIIᵉ Cas

Dans le but de montrer mieux encore que les phénomènes de télesthésie peuvent revêtir les formes les plus diverses, je vais maintenant relater un exemple où l'incident télesthésique se manifeste concurremment avec des phénomènes de paramnésie (impression du « déjà vu »), phénomènes dont j'ai eu déjà l'occasion de m'occuper dans une monographie spéciale, et qui sont loin d'être aussi simples que le pense la Psychologie officielle, selon laquelle on pourrait tous les ramener à une « illusion de la mémoire ».

Le cas suivant est tiré du Journal of the S. P. R. (vol. VI, page 373). — Miss L. M. Robinson (24, Trent-road, Brixton Hill), écrit ainsi à la Direction de la Société en question :

Lorsque, durant mon enfance, j'étais conduite dans un lieu qui m'était inconnu, il m'arrivait souvent d'éprouver l'impression d'y avoir été autrefois déjà. Ceci se produisait, par exemple, quand j'entrais, pour la première fois, dans une maison ; ou bien, durant les vacances, en visitant les sites nouveaux pour moi ; parfois c'était un arbre, en d'autres cas une église, d'autres fois encore le tournant de la grande rue qui me poursuivaient de cette impression de m'être familiers.

Le premier jour où j'ai été à l'école de X..., nous avons traversé la cour d'une hôtellerie, ma bonne m'ayant dit que cela nous permettait de raccourcir le chemin. Tout à coup, j'ai été saisie par l'impression d'être déjà passée par là, et tout ce que je voyais me semblait familier, à tel point qu'en mettant les pieds sur une curieuse trappe placée au niveau du sol, j'ai eu l'impression d'y être déjà passée d'autres fois. Je n'ai cessé d'y songer durant toute la matinée, en échafaudant toujours de nouvelles suppositions pour découvrir comment j'avais pu voir déjà ces lieux.

Lorsque j'eus achevé mon éducation, ma mère m'emmena à l'étranger. Après quelques mois de voyage, nous nous établîmes pour tout l'automne à Gunthen, sur le lac de Thun. Malheureusement, il m'arriva de me fouler un pied, quelque temps après mon arrivée, et il ne me fut pas possible de prendre part aux promenades que les autres faisaient aux alentours.

Un jour où le temps était beau, j'avais assisté au départ d'un groupe de touristes pour Thun ; ma mère était restée me tenir compagnie. Nous avions à peine commencé à lire, lorsqu'un monsieur de nos amis revint prier ma mère de lui permettre de nous accompagner au Lac, en nous assurant que nous pourrions jouir sans la moindre fatigue d'une belle promenade en bateau, après quoi il nous conduirait par une montée de quelques pas seulement, à un point d'où l'on découvrait un paysage magnifique. Nous acceptâmes et, après une délicieuse promenade de deux heures en bateau, nous prîmes terre à un petit promontoire.

Nous avions commencé à monter par un petit sentier tortueux, lorsque, tout à coup, je fus saisie de la conviction d'avoir déjà été là une autre fois. Et cette sensation fut si forte, que je ne pus m empêcher d'en parler à ma mère, en ajoutant, pour lui montrer mieux la vérité de ce que je lui disais, qu'aussitôt que nous parviendrions au tournant du sentier, près du sommet de ce promontoire, j'étais sûre que nous verrions à gauche un arbre avec une petite inscription sur une plaque de tôle. En effet, lorsque nous fûmes parvenus au sommet et que nous tournâmes l'angle formé par le sentier, nous aperçûmes à gauche l'arbre, qui portait l'inscription sur la plaque en métal. Il n'était pas possible que je l'eusse aperçue auparavant, puisqu'on ne la voyait d'aucun point du chemin, et c'était la première fois de ma vie que je visitais ces lieux ; jusqu'à ce jour je ne m'étais jamais avancée si loin vers Interlaken.

Pourtant je reconnaissais parfaitement tous les arbres, tous les points de vue du paysage.

(Suivent les témoignages de la mère, Mrs. Carolina Robinson, et la reproduction de la note écrite par Miss Robinson sur son carnet de voyage, le jour même de l'événement).

Ce n'est point le cas de nous étendre ici dans l'analyse des phénomènes de « paramnésie » ; cependant, pour l'interprétation de l'épisode que nous venons de rapporter, il n'est pas inutile de faire remarquer qu'ils sont produits par des causes multiples, dont la plus fréquente est celle des rêves véridiques. On peut l'arguer des cas dans lesquels le sensitif, au moment où il est saisi de l'impression du « déjà vu », se souvient d'avoir rêvé le paysage ou les choses qu'il a maintenant devant lui ; ainsi que des autres cas dans lesquels le sensitif, en se réveillant, se souvient d'avoir visité en rêve une localité qui lui était inconnue et qu'il lui arrive ensuite réellement de visiter, en reconnaissant les lieux rêvés. Cette deuxième variété de cas explique la première, dans laquelle le sensitif, au lieu de se souvenir, à son réveil, du rêve qu'il a eu, s'en rappelle quand il se retrouve dans le milieu rêvé. Et la première variété rend compte, à son tour, des cas de paramnésie proprement dite, dans lesquels le sensitif ne se souvient plus du rêve, ni au moment du réveil, ni lorsqu'il se trouve dans le milieu rêvé, en éprouvant seulement le sentiment du « déjà vu », qui représente l'atténuation extrême du souvenir, sur le point de s'effacer totalement.

Ces considérations servent à éclaircir le cas de Miss Robinson, que nous venons d'exposer, parce qu'il est dû vraisemblablement à la même cause : c'est-à-dire, à un phénomène de clairvoyance télesthésique dans le sommeil ; phénomène qui se combinait à la prémonition de la promenade que la jeune fille devait faire, le lendemain, dans cette localité.

XVIIIe Cas

Toujours dans le but de faire ressortir les modalités fort différentes par lesquelles se réalisent les phénomènes de télesthésie, je rapporterai un exemple des cas dans lesquels ils revêtent une forme nettement prémonitoire. Je l'extrais du Journal of the American S. P. R. (1907, page 486). Le récit en a été envoyé au docteur Funk par l'écrivain et journaliste E. D. Me Cready, qui en fut le protagoniste ; le docteur Funk l'a transmis au professeur Hyslop, qui l'a inséré dans sa Revue, après l'avoir soumis à une enquête personnelle. Mr. Me Cready écrit ce qui suit au Dr Funk :

Bien que je ne sois qu'un inconnu pour vous, je vous connais par la réputation dont vous jouissez dans le domaine des recherches psychiques ; je me décide donc à vous communiquer une expérience personnelle qui, sans être très remarquable par elle-même, contient un détail intéressant.

C'était en 1892 ; j'habitais alors la ville de Saint John, N. B., où je dirigeais le journal The Daily Telegraph. Tous les dimanches, je me rendais au service religieux du soir et je rentrais ensuite à mon bureau ; dans la soirée dont il s'agit j'avais été à l'Eglise Baptiste de la rue Germain, qui se trouvait à une distance de sept on huit pâtés de maisons de mon bureau.

Le service religieux n'était pas encore à moitié, quand j'ai cru entendre une voix à l'accent impérieux qui me disait : « Rentre immédiatement au bureau ! » Il ne s'agissait pas d'une voix réelle ; j'avais l'impression d'une voix me parlant intérieurement. Je n'ai pas attaché d'importance à cette injonction, voulant suivre le service religieux ; mais je continuais à entendre cette phrase, comme si on me la répétait sans cesse, avec une intonation toujours plus impérieuse. En vain je m'efforçais d'écouter le sermon ; je n'y parvenais point, parce qu'une agitation toujours plus vive m'envahissait ; je sentais le besoin de sortir, pour obéir à la voix mystérieuse. Je cherchais à mettre en œuvre ma raison en me représentant l'absurdité de cette fuite ; la révérence pour le lieu où je me trouvais, jointe à un certain sentiment de dignité, me permirent de me maîtriser jusqu'au moment de la bénédiction, quoique cette courte période de temps me parût un siècle. Alors, pendant que les fidèles se tenaient recueillis et prosternés, je saisis mon chapeau, je me frayai le chemin au milieu de tout ce monde et je m'éloignai en courant. Les trottoirs étant encombrés de personnes sortant des autres églises, je me portais au milieu de la chaussée, afin de ne pas rencontrer d'obstacles dans l'impulsion insurmontable qui me dominait et je continuai de courir, tout en songeant que plusieurs passants allaient me reconnaître à la lumière des lampes électriques et me croire devenu fou.

Aussitôt arrivé au bureau, je franchis les marches de l'escalier quatre à quatre, dans l'attente d'assister à quelque chose de grave ; mais au contraire, tout était tranquille. Dans la salle de travail, cinq ou six rédacteurs étaient appliqués à leur travail ; dans la pièce contiguë, mon associé Melville écrivait, en manches de chemise. Alors j'ouvris d'un mouvement nerveux mon cabinet, et je me trouvais aussitôt enveloppé d'un nuage aveuglant de fumée noire très dense. Cependant le cabinet n'était pas en feu : il s'agissait d'une grande lampe à pétrole attachée au dessus du bureau, que le garçon avait allumée, en oubliant d'en baisser la mèche, ce qui fait qu'elle brûlait avec une flamme énorme, dont les langues dépassaient d'un pied le tuyau de la lampe, en vomissant des tourbillons de fumée fuligineuse. Il y avait danger d'explosion immédiate ; mais je n'avais pas le temps de m'arrêter à ces réflexions ; je me précipitai sur la lampe et je parvins à l'éteindre. Dans ce court laps de temps, mon visage était devenu noir comme celui d'un nègre africain des plus authentiques. Et c'est tout !

Ceux qui n'ont pas eu à l'expérimenter ne peuvent se faire une idée de la puissance extraordinaire du pétrole pour dégager de la fumée fuligineuse, chaque fois qu'il brûle avec une flamme excessive et une combustion défectueuse. Tous les objets existant dans mon cabinet : tapis, meubles, livres, papiers, étaient enduits d'une couche de suie bitumineuse de l'épaisseur d'un octave de pouce. La grosse lampe s'étant chauffée au rouge, avait déterminé l'ébullition du pétrole, qui se dégageait alors par force de la mèche, avec un danger imminent d'explosion.

Tel est le fait. Maintenant, je sais bien qu'il y a des cas, assez fréquents, dans lesquels une personne en danger parvient à en impressionner une autre éloignée, en lui communiquant l'idée du danger imminent, grâce à une action télépathique, ou autrement, Mais dans l'incident que je viens d'exposer, il y a ceci de spécial, qu'aucun être vivant ne savait que quelque chose de dangereux se passait dans mon cabinet. Dans l'hypothèse que l'avertissement vînt d'une entité spirituelle, pourquoi donc n'aurait-elle pas impressionné l'une des personnes présentes au bureau ? Il est enfin à noter que si un incendie dévastateur avait éclaté, il n'aurait causé à moi, personnellement, qu'un dommage très léger ; je n'étais que le Directeur appointé ; l'immeuble et le journal ne m'appartenaient pas.

Est-ce donc vrai que notre personnalité possède elle-même la faculté de dégager au loin quelque chose de semblable à l'atmosphère qui entoure la Terre, ou quelque chose d'analogue à la lumière qui jaillit d'un globe lumineux, et que, grâce à cette faculté, nous venons quelquefois à connaissance de ce qui se produit à des distances considérables ?

Le professeur Hyslop écrivit à Mr Mc Cready, eu lui demandant des renseignements complémentaires. J'extrais les passages suivants de la réponse de M. Mc Cready :

Les rédacteurs présents dans le bureau n'avaient perçu aucune fumée jusqu'au moment où j'ai ouvert la porte du cabinet, qui se fermait hermétiquement.

Lorsque j'ai été saisi par l'impulsion qui me portait à courir, mes sensations étaient de nature subjective ; l'impulsion se manifesta par des mots non articulés : « Rentre immédiatement au bureau ! » « Cours vite au bureau ! »

Je ne pensais pas que ces sensations pussent provenir d'une cause extrinsèque à moi-même.

Il y a quarante ans, je me suis occupé durant quelque temps des « tables tournantes », alors en vogue ; dans le cercle où l'on exécutait nos expériences « spirites», j'étais considéré comme un excellent « médium ». Entre autres choses, la table dicta quelques prédictions qui, contrairement à mon attente, se réalisèrent Seulement, j'ai alors éprouvé des doutes, des objections de conscience au sujet de l'inconvenance coupable de vouloir pénétrer le futur ; j'ai donc interrompu brusquement ces expériences, et je ne les ai plus reprises...

Notons que, bien que dans le fait qu'on tient de lire on ne rencontre pas des détails incitant à conclure en faveur d'une intervention spirituelle, l'objection soulevée à ce sujet par M. Mc Cready n'est cependant pas valable. Il dit : « Dans l'hypothèse que l'avertissement vint d'une entité spirituelle, pourquoi donc n'aurait-elle pas impressionné l'une des personnes présentes au bureau ? » — Sans doute, ces personnes étaient les seules qui fussent exposées au danger d'une explosion ; mais il n'est pas moins incontestable que pour être percipients d'une action télépathique il leur est fallu être des sensitifs ; si aucune des personnes présentes au bureau n'a été impressionnée, cela signifie qu'il n'y avait entre elles aucun sensitif. Il en résulte que, s'il s'agissait d'une entité spirituelle, il était naturel que celle-ci cherchât à atteindre le même but en impressionnant le seul sensitif qui fût à sa disposition, quoique à ce moment-là il ne se trouvât pas au Bureau. Or, les précédents personnels du journaliste confirment qu'il était nanti de remarquables facultés médiumniques.

Tout ceci n'a été dit qu'à titre d'observation critique à l'objection de M. Mc Cready ; mais au point de vue qui nous concerne, peu importe qu'un phénomène télesthésique soit spirituque ou subconscient, puisque dans les deux cas il continuerait d'être télesthésique ; et nous ne nous proposons, dans cet ouvrage, que de montrer l'existence, encore contestée, de cette branche de phénoménologie médiumnique.

XIXe Cas

L'épisode suivant est tiré des Annales des Sciences Psychiques (1899, page 260) ; c'est un exemple de manifestation télesthésique dans le délire.

L'ingénieur M. E. Lacoste raconte qu'au cours de l'hiver 1898-1899 il est tombé malade de fièvre typhoïde, qui provoqua des complications cérébrales graves, lesquelles dégénérèrent rapidement en congestion. Il continue en disant :

Le 23 décembre je perdais connaissance d'une manière complète, et je n'ai repris une demi-lucidité que le 24 janvier ; depuis cette époque, malgré un peu de trouble intellectuel qui a persisté un mois environ, la convalescence a marché rapidement ; aujourd'hui je suis totalement rétabli et ai repris mes occupations ordinaires.

Au cours de cette maladie, lorsque je déraisonnais constamment, sans une heure de lucidité, ne reconnaissant plus absolument que ma femme, il s'est produit divers phénomènes que les personnes qui m'entouraient, tous gens sérieux et de bonne foi, ont noté à mesure qu'ils se sont produits, et que je crois bien de relater ici comme contribution à l'histoire de la télépathie.

Ici, M. Lacoste commence le récit des épisodes de clairvoyance télépathique qui se déroulèrent au cours de son délire ; épisodes que je ne reproduis point, parce qu'ils sont étrangers à notre sujet ; je me borne à citer le dernier incident qu'il rapporte et qui contient un élément télesthésique réel. Le voici :

Au mois d'octobre, j'avais donné l'ordre à mon correspondant du Brésil de me faire parvenir diverses caisses de livres, linge, instruments et objets divers laissés par moi dans ce pays où j'avais renoncé à retourner, décidé à me fixer à Toulon.

Ces caisses sont arrivées à Marseille vers le 15 janvier ; j'étais alors hors d'état de m'en occuper, et on ne m'en a même pas parlé ; ma femme, toute aux soins qu'elle me donnait, chargea M. Victor Sourd, qui ne devait partir pour Madagascar que par le paquebot du 23, d'aller à Marseille reconnaître les caisses et les faire diriger par mer sur Toulon, où, les clefs étant restées ici, on pourrait remplir les formalités de douane.

M. Sourd, ne les connaissant pas, se borna à constater que les caisses étaient bien au nombre de six, conformément au connaissement, et les fit réexpédier de Marseille à Toulon.

Avec l'idée fixe qui caractérise souvent ces maladies de la raison, je m'étais souvent préoccupé de ces caisses, et le jour où elles arrivèrent, sans que personne m'en avisât, je dis à ma femme : « Les caisses du Brésil sont arrivées ; mais il faut les refuser ou faire une réclamation : il nous en manque une, celle où se trouvent des portraits, des couvertures, des draps et divers objets de valeur ». En effet, le nombre y était bien, mais il nous manquait la caisse assignée, à laquelle on en avait substitué une autre qui ne nous appartenait pas, et qui contenait des échantillons de caoutchouc brut.

J'atteste, et je pourrai faire attester par plusieurs témoins l'absolue véracité de cette note, relevée sur celles qui ont été prises journellement au cours de ma maladie. (Soussigné : Ernest Lacoste, Ingénieur civil ; 7, rue Sébastien-Carle, Toulon).

Les cas dans lesquels se produisent des phénomènes super-normaux durant le délire sont assez fréquents ; ils présentent une valeur théorique qui est loin d'être négligeable, surtout parce que, si un individu dépourvu de facultés super-anormales à l'état normal, montre en posséder à l'état de délire, cela prouve que les facultés en question existaient à l'état latent en sa subconscience, et que le délire, en supprimant l'usage des facultés conscientes, leur a permis de jaillir, sans pouvoir, naturellement, les créer. On devrait donc en conclure que les facultés super-normales sont le partage commun de toutes les subconsciences humaines, où elles existent dans l'attente de pouvoir jaillir, à la mort du corps, de manière à constituer les sens spirituels de la personnalité humaine désincarnée.

Il est à noter en outre que dans le cas concernant M. Lacoste, se déroulent en même temps des incidents télépathiques et télesthésiques ; ce qui contribuerait à confirmer la théorie de la panesthésie spirituelle, c'est à-dire de l'existence subconsciente d'un sens unique super-normal, capable de revêtir toutes les modalités par lesquelles se manifestent les sens et les facultés terrestres.

Quant à l'origine télesthésique du fait dont nous nous occupons, je crois qu il n'est guère malaisé de la démontrer. Je retiens tout d'abord le détail de l'échange de la caisse, révélé par le malade, échange qui, constituant une méprise, devait être ignoré par celui qui l'avait commise, et par conséquent, devait être inconnu de tout le monde. A vrai dire, on pourrait encore affirmer que la subconscience de celui qui avait commis l'erreur avait enregistré l'échange, et que le malade en avait puisé la connaissance dans la subconscience dont il s'agit. Mais même si l'on voulait admettre la possibilité de code singulière opération psychique, l'origine télesthésique du fait ressortirait également à cause de l'incident complémentaire dans lequel le malade indique exactement la caisse égarée en énumérant les objets qu'elle contenait. Or, comme le contenu de la caisse fourvoyée n'était connu par personne, il en résulte que le malade clairvoyant ne pouvait pas en puiser la connaissance dans la subconscience des autres, et en conséquence, qu'on ne pourrait pas mettre en doute l'existence d'un « rapport télesthésique » entre la conscience du malade et la caisse qui manquait, ou les cinq caisses restantes.

XXe Cas

Le cas suivant a été publié par le docteur Dufay dans la Revue Philosophique en 1889 ; je l'extrais d'un article du professeur Boirac, publié dans les Annales des Sciences Psychiques, (1916, page 157).

Le docteur Dufay expose quelques intéressantes expériences exécutées conjointement avec le docteur Girault, employant comme sujet la domestique de ce dernier, laquelle présentait, dans le somnambulisme, la faculté de la « double vue ». Il raconte, entre autres choses, que, comme il se trouvait, pour des raisons professionnelles, dans les prisons de Blois, où un détenu s'était suicidé en s'étranglant avec sa cravate, il proposa aux magistrats présents, curieux d'assister à une séance somnambulique, de prouver la lucidité de la domestique, Marie, au moyen de quelque pièce de vêtement ayant appartenu au suicidé. Il continue en écrivant :

Je coupai un morceau de la cravate du suicidé, et l'enveloppai de plusieurs feuilles de papier que je ficelai fortement,

... Je fis signe à Marie de nous suivre, sans lui dire un seul mot, et je l'endormis par une simple application de la main sur le front. Je tirai alors de ma poche le paquet préparé et le lui mis entre les mains. Au même instant, la pauvre fille bondit sur sa chaise, et rejeta au loin avec horreur ce paquet, criant avec colère qu'elle ne voulait pas « toucher cela ». Or, on sait que, dans les prisons, les suicides sont tenus secrets le plus longtemps possible. Rien n'avait encore transpiré dans l'intérieur de l'établissement du drame qui venait de s'accomplir : la religieuse elle-même l'ignorait.

— Qu'est-ce que vous croyez donc que ce papier renferme ? — demandai-je quand le calme fut un peu revenu.

...... C'est quelque chose qui a servi à tuer un homme.

— Un couteau peut-être ? ou un pistolet ?

— Non, non, une corde... je vois... je vois... c'est une cravate... Il s'est pendu... Mais faites donc asseoir le monsieur qui est derrière moi, car il tremble si fort que ses jambes ne peuvent plus le porter. (C'était l'un des deux magistrats, qui était si ému de ce qu'il voyait qu'il tremblait, en effet, de tous ses membres).

— Pourriez-vous dire où cet événement s'est passé ?

— Ici même, vous le savez bien... C'est un prisonnier...

— Et pourquoi était-il en prison ?

— Pour avoir assassiné un homme qui lui avait demandé à monter dans sa charrette.

— Comment l'avait-il tué ?

— A coups de « gouet ».

On nomme ainsi dans le Loir-et-Cher une sorte de hachette à manche court, à lame large et allongée, recourbée en bec de perroquet à son extrémité. C'est un instrument très employé à la campagne, surtout par les tonneliers et les bûcherons. Et c'était, en effet, un gouet que j'avais désigné dans mon rapport médico-légal comme étant probablement l'arme dont le meurtrier s'était servi. Jusqu'ici les réponses de Marie ne nous avaient rien appris que nous ne sussions à l'avance. A ce moment le juge d'instruction me tira à l'écart et me souffla à l'oreille que le gouet n'avait pas été retrouvé.

— Et qu'a-t-il fait de son gouet ? — demandai-je.

— Ce qu'il en a fait ?.... attendez... il l'a jeté dans une mare... je le vois très bien au fond de l'eau.

Et elle indiqua exactement le lieu où se trouvait cette mare pour qu'on put y faire des recherches le jour même, en présence d'un brigadier de gendarmerie et y découvrir l'instrument du crime... »

On comprend aisément que dans le cas relaté par le Dr Dufay, le seul détail de nature télesthésique est celui du « gouet » vu au fond de l'eau dans une mare. Mais ce détail est intéressant et soulève de nouveau le problème de savoir comment s'établit le rapport entre le sensitif et l'objet visualisé. Si, dans le cas que nous examinons, il ne paraît pas y avoir de doute que l'objet ayant appartenu au suicidé et qui avait été présenté à la somnambule a agi psychométriquement, cependant on ne peut s'empêcher de se demander : « Comment a-t-il pu agir ? Est-ce télépathiquement ? Ou bien télesthésiquement ? En général, quand on présente à un somnambule ou à un médium un objet ayant appartenu à un décédé, tout contribue à prouver que l'objet sert à établir le rapport avec la personnalité spirituelle du défunt, de la même manière qu'un objet appartenant à un vivant sert à établir le rapport avec le vivant même ; les expériences bien connues avec Mme Piper et Mme Thompson tendent à confirmer cette induction. Si l'on se proposait donc de l'appliquer au fait que nous venons de relater, on devrait en conclure que l'image pictographique par laquelle la somnambule révéla où se trouvait le « gouet » lui avait été transmise télépathiquement par le décédé ; en ce cas, il ne s'agirait plus de télesthésie, mais d'une révélation post-mortem.

Par contre, si l'objet présenté à la somnambule avait servi à établir le rapport nécessaire entre la somnambule et l'objet lointain, alors seulement il s'agirait d'un phénomène authentique de télesthésie.

XXIe Cas

Dans la revue philosophique anglaise The Mind (février 1899), Mme Alice Le Plongeon, femme de l'archéologue connu docteur Le Plongeon, raconte trois rêves prophétiques qu'elle eut au cours de son premier séjour dans la presqu'île du Yucatan, pour les fouilles archéologiques que son mari y exécutait. Deux de ces rêves peuvent être rapportés à de la clairvoyance télépathique ; le troisième apparaît nettement télesthésique, et je le reproduis ici. Mme Le Plongeon écrit :

Mon rêve s'est produit juste au moment du réveil ; il se rapportait aux fouilles que nous exécutions en ces jours-là et qui avaient amené la découverte de plusieurs sculptures et d'autres objets anciens très intéressants, extraits du tombeau d'un Grand Prêtre. Parmi d'autres objets, nous avions déterré neuf têtes de serpent sculptées dans la pierre, ciselées et colorées admirablement. Dans mon rêve je dirigeais personnellement les fouilles et j'ordonnais aux ouvriers de déplacer un tas de grosses pierres existant dans un coin, en leur annonçant qu'on aurait déterré là trois autres têtes de serpent identiques à celles mises déjà à jour.

Lorsque j'ai raconté mon rêve au docteur Le Plongeon — qui était alité par suite d'une entorse — il m'a répondu : « Si vous voulez satisfaire votre curiosité de contrôler le rêve, vous pourrez faire diriger les fouilles de ce côté-là » Je l'ai fait, et à midi je suis revenue lui annoncer que les trois têtes de serpent complémentaires avaient été déterrées dans les circonstances identiques annoncées par le rêve.

Dans le récit qu'on vient de lire, le phénomène télesthésique apparaît nettement et incontestablement, puisqu'il n'existe pas, en ce cas, l'alternative théorique énoncée pour l'exemple précédent : celle d'une origine spiritique présumable.

Je note, en outre, l'indication exacte des trois têtes de serpent qu'on devait trouver ; indication qui, par sa précision, sert à écarter l'hypothèse d'une « coïncidence fortuite », hypothèse qui aurait pu paraître bien fondée s'il ne s'était agi que de la prédiction vague de la découverte d'autres têtes de serpents analogues aux premières.

Je remarque enfin la circonstance théoriquement importante que la clairvoyante ne perçut pas dans son rêve l'image pictographique des trois têtes de serpent encore enterrées, mais en reçut la prédiction pure et simple. Cette forme de télesthésie avec absence de visions pictographiques contribue à confirmer l'hypothèse que les clairvoyants ne perçoivent point par une vision directe ou indirecte les objets au sujet desquels ils se montrent renseignés, mais qu'ils en sont informés par la personnalité subconsciente, qui s'efforce d'atteindre le but avec tout moyen à sa portée ; c'est-à-dire, conformément aux idiosynchrasies spéciales des percipients.

XXIIe Cas

Le cas suivant a été examiné par Podmore ; je l'extrais de l'œuvre de Myers : The Subliminal Self (Proceedings of the S. P- R., vol. IX, page 374).

Le protagoniste du fait, Mr. J. Hunter Watts, relate ce qui suit à Podmore :

Je vous transmets par écrit le récit du fait plutôt banal qui m'est arrivé et que je vous ai déjà exposé verbalement. Il y a six ans, je me trouvais à Paris avec mon frère Georges, qui y a acheté pour huit ou dix francs une statue en plâtre de la Vénus de Milo. J'ai protesté, devant partager avec mon frère l'ennui de l'apporter à la maison, en Angleterre, et comme elle mesurait quatre à cinq pieds de hauteur, on avait l'air de convoyer un cadavre enveloppé en du papier ! Une fois rentrés à la maison, je n'ai pas permis que cette vilaine reproduction en plâtre figurât à l'intérieur ; mon frère a dû se contenter de la faire trôner sur un groupe de rochers revêtus de fougères, placé dans un coin du jardin. Elle y demeura en paix plusieurs mois durant ; j'en avais oublié l'existence, hormis lorsque je m'avançais dans ce coin du jardin et je la voyais paraître devant moi ; mais... loin des yeux, loin de la pensée.

Un matin d'automne, je m'étais levé du lit et j'étais en train de me peigner devant la glace, lorsque j'ai été surpris par la pensée qu'après tout, c'était dommage que cette statue fût tombée, en se brisant, car, vue d'un peu loin au milieu des fougères, elle ne faisait pas une si triste figure. Et en continuant dans mes réflexions, je me disais : « C'est pourtant étrange que dans sa dégringolade, elle n'ait perdu que sa tête, sans d'autres avaries », A ce moment je me suis rappelé soudain que j'avais rêvé tout cela ; j'ai souri alors de la puérilité invraisemblable de certains rêves. Je n'y avais songé s'il ne m'était pas arrivé qu'étant descendu pour le déjeuner, et ne l'ayant pas trouvé prêt, j'ai été faire un tour dans le jardin. Le terrain était trempé de pluie ; il soufflait un vent assez fort. En arrivant au coin des fougères, je suis resté pétrifié et ébahi : j'avais devant moi le pauvre corps de la Vénus de Milo étendu sur des fougères ; la tête était au beau milieu de l'allée. C'était la réalisation parfaite de mon rêve !

Durant un instant j'ai pensé que, pendant mon sommeil, j'avais dû me lever et me promener dans le jardin ; mais aussitôt je me suis rendu compte que ce n'était pas possible, car il avait plu durant toute la nuit et j'aurais dû rentrer avec mes vêtements trempés ; mes pieds, s'ils avaient été nus, auraient dû se salir ; si j'avais été chaussé, les chaussures auraient dû porter la trace de la boue, ce qui n'était absolument pas. Je n'ai d'ailleurs jamais été sujet à des crises de noctambulisme. Lorsque je suis rentré pour déjeuner, j'étais littéralement abasourdi d'étonnement : je me demandais : Est ce donc possible que, lorsque mon corps dormait dans le lit, la partie immatérielle de moi-même ait vagabondé dans le jardin ? » En ce cas, évidemment, la partie immatérielle de moi même ne se serait guère inquiétée du vent et de la pluie.

L'événement est banal ; cependant il m'a fait réfléchir longtemps et reste pour moi inexplicable...

(Suit le témoignage d'une dame à laquelle le percipient avait raconté son rêve quand il se produisit).

Aussi dans ce récit l'élément télesthésique apparaît d'une manière indiscutable.

Au point de vue théorique, je remarquerai le caractère insignifiant et pratiquement inutile du phénomène ; ce qui fait surgir spontanément la question : « Dans quel but se produisent des manifestations de cette sorte ? » — J'ai déjà eu l'occasion de m'occuper de ce problème ardu dans mon ouvrage Des Phénomènes Prémonitoires ; cette particularité apparaît, en effet, plus souvent encore dans cette dernière classe de manifestations ; c'est à-dire qu'on rencontre des révélations prophétiques, qui se réalisent dans tous leurs détails, et néanmoins sont de nature absolument insignifiante et pratiquement inutile. J'ai alors expliqué la chose en ayant recours à une hypothèse, hardie en apparence, mais qui était confirmée par des preuves de fait, expérimentales et irréfutables. Bien que cette hypothèse ne puisse s'appliquer qu'exceptionnellement aux cas télesthésiques, il ne sera pas inutile de la rappeler. Voici ce que j'ai écrit à cette occasion : « Pour obvier à cette difficulté, se présente une autre hypothèse, qui a l'avantage d'être basée sur des données d'ordre expérimental, permettant de conclure que les épisodes de ce genre qui font l'objet de notre examen sont des manifestations en soi, préparées et exécutées par des personnalités subconscientes ou extrinsèques, qui transmettent d'abord au sensitif, sous forme de vision onirique ou d'une autre façon, une situation future donnée où lui, ou d'autres, devront se trouver ; ensuite, elles en provoquent la réalisation au moyen d'une suggestion exercée télépathiquement sur le sensitif ou sur les autres intéressés ; et ceci (à ce qu'affirment les personnalités en question), afin d'impressionner nos esprits, d'inculquer en nous l'idée d'un mystère dans la vie, d'ébranler le scepticisme des hommes, en les amenant à méditer sur la possibilité de l'existence d'une âme survivant à la mort du corps ».

Nous ne retiendrons de cette explication, pour la circonstance, que la remarque finale ; c'est-à-dire que les manifestations télesthésiques inutiles en apparence pourraient avoir, à leur tour, une finalité analogue à celle des prémonitions dont je m'occupais en écrivant les quelques lignes ci-dessus ; elles sont peut-être provoquées, ou par des entités spirituelles, ou par la personnalité intégrale subconsciente, afin d'amener le sensitif à réfléchir sur le mystère trop négligé de l'être.

Je m'empresse cependant d'ajouter que les cas télesthésiques de cette nature pourraient, en général, s'expliquer en attribuant leur origine au caractère fortuit et fugitif des irruptions de facultés sur-normales dans le plan de l'existence terrestre ; de telle façon que, chaque fois que l'irruption se déterminerait spontanément, sans l'aiguillon d'une cause passionnelle quelconque, elle saisirait et transmettrait automatiquement au Moi conscient ces notions qu'il aurait acquises dans l'instant passager de son incursion.

On pourrait soulever, à ce sujet, l'objection suivante. S'il s'agissait de l'irruption fugitive des facultés sur-normales dans le champ de la conscience normale, les perceptions transmises devraient être de nature fragmentaire et incohérente, au lieu d'être bien encadrées et complètes, telles qu'elles le sont en effet. C'est cette circonstance qui leur donne une apparence d'intentionnalité, conformément à la première interprétation que nous avons avancée.

XXIIIe Cas

Je détache le fait suivant de l'ouvrage du docteur J.-A. Ricard : Traité théorique et pratique du Magnétisme animal (page 48) ; je l'ai abrégé dans ses parties non essentielles.

... Madame de L... était, en 1828, aux eaux thermales de Castera-Verduzan, département du Gers ; elle souffrait beaucoup de vives douleurs spasmodiques qu'elle ressentait dans la région épigastrique. On lui prescrivit quelques doses de sulfate de quinine et l'usage des eaux et bains ferrugineux. Cette médication, loin de soulager Madame L..., aggrava son mal. Les douleurs étant devenues intolérables, je me rendis aux sollicitations de la malade, à celles de son mari et de sa belle-mère, qui voulaient que j'essayasse, contre cette affection, l'action du magnétisme...

...J'avais conduit chez Madame de L..., le 26 septembre, la jeune Aline Dufaut, âgée de quinze ans environ, l'une de mes somnambules les plus lucides ; j'espérais avec une extrême confiance qu'elle pourrait indiquer un remède propre à guérir notre intéressante malade. Le docteur Pons n'ayant jamais vu de somnambule, ne se fit pas attendre...

...Je m'empressai de mettre Mademoiselle Dufaut en somnambulisme et de la mettre en rapport avec Madame de L. — La somnambule était sérieuse : elle paraissait entièrement concentrée, et elle continuait de tenir la main de la malade dans la sienne... Consultée sur la maladie de Madame de L., elle répondit sans hésiter, de manière que le docteur pût juger qu'elle indiquait clairement une irritation et non pas une inflammation. Le raisonnement que faisait la somnambule étonnait singulièrement M. Pons, qui avouait cependant ne pouvoir plus être surpris de rien.

Mademoiselle Dufaut devint admirable, lorsque avec une joie indicible elle annonça qu'elle voyait le moyen de guérir Madame de L. La présence de Madame de L., de la mère de la malade et celle d'un habile médecin donnaient le plus vif intérêt à cette scène :

— Là — disait la somnambule — là sur un coteau de... de... Mont... (Je nommai pour l'aider tous les coteaux des environs d'Agen et enfin celui de Mont-Grand).

— Oui, de Mont-Grand — s'empressa t-elle de répéter — près du pont... à côté du ravin... contre une pierre... là .. voyez-vous cette plante, cette grande herbe !

Elle la décrit parfaitement ; et, d'après l'hésitation que je mettais à prononcer : oui, je la vois, elle fait un mouvement comme pour cueillir une branche et me la donner, en disant :

— Tiens, vois .. comme elle a une odeur forte et mauvaise...

— Oui, c'est vrai ; quel est son nom ?

— Oh ! ça, je ne sais pas...

— Que faut-il en faire ? Est-il nécessaire d'en faire de la tisane pour la malade ?

— Ok ! non, mon Dieu, non... pas boire... la faire blanchir, la piler comme des épinards... faire un cataplasme, le mettre entre deux linges, pendant vingt-quatre heures, sur l'estomac de la dame... ensuite une autre fois la même chose, et puis elle sera guérie.

Elle décrivit la plante, sa forme, ses feuilles, sa couleur ; elle indiqua encore de nouveau, et parfaitement, le site où elle la voyait :

— Est-ce que tu ne la vois pas ? ne sens-tu pas cette odeur forte ? disait-elle avec impatience

Nous constatâmes que la somnambule, âgée de quinze ans et demi, n'avait pas été au coteau de Mont-Grand depuis l'âge de sept à huit ans. Je lui demandai si, étant éveillée, elle pouvait reconnaître cette plante. Elle me répondit que oui, si j'y obligeais. Je procédai en conséquence, et ainsi qu'on le doit faire en pareil cas, pour qu'elle conservât le souvenir de la plante ; mais j'oubliai de lui imprimer celui du lieu où elle se trouvait et où elle la voyait encore. Au reste, nous avions pris note de tout, et n'avions nul besoin de son indication déjà écrite. Peu de temps après je mis fin au somnambulisme. A son réveil

Mademoiselle Dufaut, questionnée sur ce qu'elle avait éprouvé, par M. le docteur Pons, répondit qu'elle ne se souvenait de rien, mais qu'elle avait rêvé d'une plante « dont je sens encore l'odeur », ajouta-t-elle. Elle ne savait pas pourquoi elle pensait à cette plante, qu'elle décrivit de nouveau dans les mêmes termes ; mais elle ignorait complètement où elle était, parce qu'elle n'en avait jamais vu de pareille, pas même au jardin de M. de Saint-Amand.

Le lendemain, 27 septembre, en compagnie de M. de L., de M. de Brienne, du marquis de Mata Florida, de Mlle Dufaut, de sa mère, et d'une de leurs amies, nous nous rendîmes au coteau de Mont-Grand, en laissant ignorer à la jeune fille le but de cette promenade. Arrivés près du pont jeté sur le ravin, je la priai de regarder autour d'elle, et de voir si elle ne pourrait pas trouver la plante qu'elle avait rêvée. A l'instant même elle se mit à la chercher, en disant : « Elle est par ici, oui, car je la sens... mais je ne la vois pas. » — Elle s'impatientait, frappait son pied contre terre ; en effet, elle n'avait aucun souvenir du lieu indiqué par elle Je prévins M. de Brienne, et je mis Mlle Dufaut en somnambulisme pendant son exploration. Elle s'arrêta sur-le-champ, et l'ayant priée de cueillir la plante qui devait guérir madame de L. : « Ah, oui » dit-elle ; et elle courut droit vers le petit pont, exactement au lieu indiqué par elle à Agen ; elle descendit le ravin, et, sur le revers, contre un bloc de pierre roulé des hauteurs, également désigné dans son somnambulisme, elle cueillit un pied extrêmement touffu d'une plante d'un beau vert et qui exhalait une odeur désagréable et pénétrante. Personne, parmi nous, ne put la connaître. Peu de temps après je réveillai Mlle Dufaut, et nous l'instruisîmes de tout ce qui s'était passé.

De retour à Agen, nous présentâmes cette plante à plusieurs personnes qui ne la connurent pas mieux que nous. Cependant, le pharmacien qui demeure sous la vieille horloge, élève du célèbre M. de Saint Amand, nous affirma que c'était la « Psoralea bituminosa », plante qui répand, comme son nom l'indique, une forte odeur de bitume, et qui n'est point employée en médecine. N'importe : M. le docteur Pons n'hésita pas à en faire l'usage prescrit par la somnambule, et, dès le soir même, le cataplasme ordonné fut appliqué sur la région épigastrique de madame de L. Cet appareil tut levé au bout de vingt-quatre heures, ainsi que la somnambule l'avait prescrit. La malade passa la journée sans éprouver de spasme ; ce cataplasme avait produit l'effet d'un révulsif très actif. Quelques faibles réminiscences spasmodiques reparurent dans la nuit ; le cataplasme fut renouvelé, et, passé ce jour, madame de L. a été entièrement guérie...

Les cas analogues à celui que nous venons de rapporter sont assez fréquents dans les ouvrages des anciens magnétologues et revêtent parfois des formes plus stupéfiantes encore que celles exposées jusqu'ici ; ainsi, lorsque la plante visualisée tombe sur les genoux de la somnambule par un vrai phénomène d'apport; on en trouve un exemple typique dans ce qui est arrivé au docteur Billot (Correspondance sur le magnétisme vital, etc., Paris 1839).

Au point de vue de la télesthésie, je remarquerai que dans les cas en question le phénomène télesthésique parait indiscutable ; j'estime donc qu'il serait inutile de m'arrêter à le prouver. Par contre, il soulève un problème d'une autre nature, concernant la manière dans laquelle s'établit le rapport entre le somnambule et la plante recherchée, car dans les circonstances qu'on vient de lire, le « rapport » diffère radicalement de celui qui est implicite dans les autres modalités de manifestation clairvoyante. En effet, dans les cas de lucidité psychométrique, on peut raisonnablement supposer que le « fluide vital spécialisé » dont l'objet présenté au somnambule semble saturé, puisse établir le rapport avec la personne éloignée, propriétaire de l'objet ; dans le cas où l'on ne présente aucun objet, on remarque la présence de quelqu'un qui connaît la personne absente, visualisée par le somnambule ; il est donc vraisemblable que la personne présente sert à établir le rapport avec celle qui n'est pas là. Enfin, dans les cas analogues à celui concernant Alexis Didier, dans lequel le somnambule perçoit à distance une urne enterrée, remplie de pièces de monnaie romaines, on peut encore présumer que la monnaie trouvée dans la terre et remise au somnambule ait agi psychométriquement, (bien qu'en ce cas, il s'agirait déjà de rapport entre une personne et un objet inanimés). Mais dans les cas semblables à celui dont nous nous occupons, et où il s'agit d'une plante perdue dans la campagne, sans aucun lien fluidique avec le somnambule clairvoyant, comment peut s'établir le rapport entre le sensitif et la plante ? Comment l'orientation dans la recherche se produit-elle ? w Serait-ce donc ce qu'on a nommé « l'instinct des remèdes » (commun chez les animaux et fréquent chez les somnambules), qui servirait à orienter le voyant dans la recherche ? Peut être bien ; il faudrait dire alors que le principe dynamique capable d'établir le rapport avec la plante recherchée serait la maladie dont souffre le consultant — maladie qui, pouvant être guérie par les sucs d'une certaine plante spécifique, rendrait possible au somnambule de s'orienter dans la recherche. En effet, il existerait un rapport de cause à effet entre la maladie et la plante, ou autrement, une affinité chimico-physiologique entre la maladie et la substance thérapeutique.

Je ferai enfin observer que, dans le cas dont il s'agit, la description des lieux et de la plante visualisée, avec perception de l'odeur désagréable qu'elle dégageait, semble si vive, qu'elle fait penser à un phénomène de bilocation somnambulique. Et cependant, il y a le détail révélateur de la petite branche hallucinatoire, cueillie par le somnambule pour l'offrir au magnétiseur, qui démontre bien qu'il ne s'agit nullement, ni de bilocation, ni de vision directe ou indirecte, mais uniquement d'une succession d'images et sensations hallucinatoires employées par la subconscience pour transmettre à la conscience les renseignements désirés.

Ces conclusions soulèvent, à leur tour, une autre énigme à résoudre. Il ne paraît pas contestable que les images et sensations perçues par la somnambule fussent des hallucinations véridiques transmises par la personnalité subconsciente; et néanmoins il est constaté que Mlle Dufaut n'était pas à l'état de veille, mais en somnambulisme. Celui ci présuppose la suppression momentanée de la conscience normale et l'émersion de la personnalité subconsciente. Mais alors, si la personnalité subconsciente était la seule existante, elle ne pouvait évidemment pas transmettre à elle-même les images et sensations hallucinatoires. Qui donc les lui transmettait ? Peut-être un état plus profond de la subconscience elle-même ? — Admettons-le pour en finir; mais il faut bien avouer qu'on se trouve en face d'une énigme formidable.

Je m'arrête là dans l'exposé des faits, en estimant que ceux que j'ai cités suffisent pour se former une idée adéquate des différentes modalités par lesquelles se manifestent les phénomènes de télesthésie. Je me flatte qu'ils puissent suffire, en même temps, pour confirmer mon assertion, que l'existence de ces phénomènes peut être considérée comme étant expérimentalement démontrée ; c'est-à-dire que les manifestations de clairvoyance en général ne peuvent point être réduites dans leur totalité à des phénomènes de « lecture ou transmission de la pensée subconsciente », comme seraient portés à le croire quelques éminents chercheurs contemporains.

Je ne résumerai pas ce que j'ai successivement fait ressortir dans l'examen analytique des cas, pour m'arrêter par contre à envisager ultérieurement le problème concernant les formes dans lesquelles se manifestent les phénomènes télesthésiques. Il s'agit là d'un problème bien ardu en vérité, puisqu'on a vu que tout contribue à prouver que la perception télesthésique ne peut pas être une vision directe, pas plus qu'une vision indirecte par la voie des centres optiques ; et que les visualisations des clairvoyants doivent donc être considérées comme des images hallucinatoires véridiques, transmises par la personnalité subconsciente à celle consciente, dans le but de la renseigner relativement aux connaissances sur-normales acquises. Ces conclusions ne ressortent pas seulement de l'analyse comparée des faits, mais aussi des incidents dans lesquels les visions télesthésiques revêtent une nature symbolique, circonstance incompatible avec l'hypothèse de la vision directe et indirecte; elles sont aussi corroborées par les épisodes dans lesquels on constate une absence complète de visualisations pictographiques ; c'est-à-dire, dans lesquels le sensitif acquiert des connaissances télesthésiques sous forme d'impressions intuitives, auditives, olfactives, tactiles et motrices — ce qui prouve que la réelle perception télesthésique consiste en quelque chose de radicalement divers de toutes les modalités sensorielles par lesquelles elle se manifeste.

Ces conclusions se rapportent aussi aux phénomènes de « lecture en des livres fermés et en des plis cachetés », puisque l'on rencontre aussi en ces cas les mêmes incidents, incompatibles avec la vision directe ou indirecte. Ainsi, par exemple, dans les expériences bien connues du major Buckley, les somnambules voyaient dérouler devant leurs yeux les billets qu'elles lisaient, alors qu'ils se trouvaient, au contraire pelotonnés en des coques de noix. De même, lorsque le docteur Schotelius questionna le docteur Reese sur la façon dont il s'y prenait pour lire les billets soigneusement repliés qu'on lui présentait, il répondit : « Comme dans les billets que j'ai devant moi » — et ceux-ci se trouvaient déployés sur la table (Annales des Sciences Psychiques, 1904, p. 67). Il résulte donc qu'aussi en ces circonstances la vision clairvoyante ne peut être considérée comme une vision réelle ; elle n'est qu'une vision symbolique ; en d'autres mots, elle doit consister en des « images pictographiques » que la personnalité subconsciente transmet à celle consciente, dans le but de l'informer de la seule manière possible.

Pour compléter ces considérations concernant la télesthésie », il faut rappeler que la même chose se produit dans les phénomènes de « clairvoyance télépathique » ; à savoir que devant la vision subconsciente du sensitif se déroulent pêle-mêle des images concernant le passé, le présent et l'avenir de la personne lointaine visualisée, ce qui est incompatible avec les hypothèses de la vision directe et indirecte, dans lesquelles le sensitif ne devrait percevoir que les situations actuelles et les actions qui se passent à ce moment-là. Sans oublier que le sensitif dévoile aussi l'état d'âme, le tempérament, les indispositions dont souffre la personne absente — toutes des conditions de fait qu'on ne peut guère attribuer à la vision directe ou indirecte.

Il est donc démontré que dans les phénomènes de clairvoyance télépaihique et de télesthésie, le phénomène présumé de la vision directe et indirecte n'existe pas, et que c'est la personnalité subconsciente qui perçoit à distance.

A ce point nous nous trouvons devant le formidable problème de la manière dans laquelle perçoit la personnalité subconsciente.

Je remarquerai qu'on ne parviendra vraisemblablement jamais à pénétrer l'essence du mystère, puisque tout concourt à prouver que les perceptions de la personnalité subconsciente peuvent être identifiées avec la perception spirituelle proprement dite — un fait qui présuppose une façon de voir qualitativement différente de la perception terrestre. Cela présuppose, à son tour, l'impossibilité pour la personnalité subconsciente (qui dans la plénitude intégrale s'identifierait avec le Moi spirituel), de transmettre ses connaissances dans la forme sous laquelle elle les perçoit, et la nécessité dans laquelle elle se trouve de se conformer aux modalités sensorielles de l'existence terrestre, chaque fois qu'elle se propose de les transmettre à la personnalité consciente.

Ces considérations, dont la profonde signification philosophique ne peut échapper à personne, me rappellent la mémorable réponse obtenue médiumniquement par Alexandre Aksakof sur le sujet en question. Voici l'explication qui en a été donnée par l'entité qui se communiquait :

Autre chose est de voir pour moi et de voir pour vous transmettre ce que je vois ; nos perceptions y compris celles de la vue, sont indépendantes des sens — et par cela même — elles en sont qualitativement et quantitativement différentes ; pour en faire-part une certaine assimilation ou communion est nécessaire...

M. Aksakof demande alors : « Ainsi, votre vue dépend des conditions médiumniques ? » — En voici la réponse :

Aucunement. Qu'en savez-vous ? Tant que je vous vois à ma manière et pour moi, je n'ai besoin de rien, d'aucun concours, c'est clair ; mais, dès que je veux non seulement voir entièrement, comme vous voyez, à votre manière, mais encore vous dire ce que je vois, c'est autre chose...

M. Aksakof fait accompagner l'explication de l'entité des commentaires suivants :

Les réponses de notre interlocuteur ont, on le voit, un profond sens philosophique. S'il appartient véritablement au monde des noumènes, d'où il voit les choses de notre monde, non comme elles se présentent à nous, mais comme elles sont en elles-même, il doit, par conséquent, les voir à sa façon. Mais, dès qu'il est obligé de les voir à notre façon, il doit entrer dans le monde des phénomènes et se soumettre aux conditions de notre organisation, car telle est l'idée que nous nous faisons du monde, (Aksakof: Animisme et Spiritisme, p. 394).

C'est bien cela ; il me semble donc que les considérations que je viens d'exposer contiennent une explication suffisante au sujet de l'énigme ardue que nous examinons. En effet, si l'on parvenait à s'assurer que la personnalité intégrale subconsciente s'identifie avec le Moi spirituel vrai et propre (et je ne sache pas qu'on puisse rien objecter à cela), alors sa manière de percevoir étant spirituelle, on pourrait qu'être qualitativement et quantitativement différente de la manière de percevoir terrestre, et par conséquent inconcevable pour la personnalité incarnée ; d'où l'impossibilité pour le Moi spirituel subconscient de transmettre à la personnalité consciente ses propres connaissances sur un sujet terrestre, sans les traduire en des perceptions sensorielles terrestres. Et voilà expliquées la genèse et la raison d'être des « images pictographiques » telles qu'elles se présentent à la vision subjective des clairvoyants.

Ici, voulant épuiser l'examen en cours sur la vraie nature de la vision somnambulique, il nous faut ouvrir une parenthèse pour noter que, si dans les manifestations de la clairvoyance en général, le supposé phénomène de la « vision directe » n'existe pas, il semble cependant qu'on y trouve celui de la « vision indirecte par la voie des centres optiques »

— mais ceci exclusivement dans une classe de manifestations : celle de l'autoscopie intérieure, qui, naturellement, n'a rien à faire avec la télesthésie.

Ce qui nous porte à le croire ce sont les déclarations des sensitifs clairvoyants. Une somnambule du docteur Comar, qui avait indiqué la localisation précise d'une épingle qui s'était glissée dans son intestin, répond de la façon suivante aux questions du médecin :

D. —Quand vous avez vu l'épingle dans votre intestin, comment l'avez vous vue ?

R. — Je ne sentais pas mon ventre avant (elle avait dans le ventre une zone d'anesthésie) ; je ne voyais rien ; quand j'ai commencé à sentir, j'ai commencé à voir. Or, un jour, le 17 octobre (c'est en effet, le 17 octobre, exactement, qu'elle m'a dit voir l'épingle), j'ai mieux senti mon intestin, alors j'ai bien vu l'épingle en entier.

D. — Vous l'avez vue ?

R, — C'est à-dire que j'ai senti qu'il y avait quelque chose dans mon intestin. Alors, j'ai regardé dans ma tête avec les nerfs de mes yeux, les nerfs qui sont en arrière de mes yeux, et à l'endroit qui dans ma tête correspondait à mon intestin, j'ai vu comme une ombre sur un voile, une raie noire ayant la forme d'une épingle, et en même temps que je voyais cela dans ma tête, je le sentais dans mon ventre... (Le docteur Comar ajoute : « La vision était si parfaite que la malade a dessiné une anse intestinale et indiqué l'emplacement de l'aiguille».) (Presse Médicale, janvier 1903).

Dans ce récit, la description de la somnambule au sujet de la manière dont elle a vu l'épingle dans l'intestin « en regardant dans sa tête » est tellement circonstanciée, qu'elle ne laisse aucun doute sur la réalité de la vision autoscopique.

Remarquons en passant le fait très important que, lorsque l'intestin était en des conditions d'anesthésie, la somnambule ne pouvait rien voir, c'est-à-dire qu'en ces circonstances il n'y avait plus le « rapport fluidique » par lequel ses nerfs devenaient capables de transmettre aux centres cérébraux correspondants l'image et les sensations de la zone intestinale. Tout cela semble très significatif et donnerait occasion à des réflexions importantes : mais pour ne pas sortir de mon sujet, je me passe de les formuler.

Pour conclure relativement au phénomène de la « vision indirecte au moyen des centres optiques » je dirai que les probabilités sont en faveur de son existence, mais la limitant aux cas « d'autoscopie intérieure, » dans laquelle il y a un système nerveux avec ses innombrables ramifications fibrillaires, prêtes à servir de conductrices physiologiques entre un point quelconque de l'organisme auquel s'adresse l'examen clairvoyant, et le centre cérébral correspondant au même point. Ce qui signifierait que la « vision indirecte somnambulique » ne peut s'exercer que dans le champ limité de l'organisation individuelle.

En revenant aux phénomènes de télesthésie, et en voulant les envisager dans leurs rapports avec les autres formes de clairvoyance, il faut remarquer la promiscuité avec laquelle se réalisent généralement ces manifestations ; on rencontre des phénomènes de télesthésie combinés avec d'autres de clairvoyance télépathique dans le passé, le présent, le futur, ou avec des phénomènes d'autoscopie et allos-copie ; le tout articulé systématiquement dans un ensemble qui ne permet de découvrir aucune solution de continuité dans le passage entre un phénomène et l'autre, et rend bien fragile toute tentative de démarcation. Or ces conditions de manifestation seraient inexplicables, si l'on ne supposait pas que les phénomènes dont il s'agit constituent les modalités différentes avec lesquelles se manifeste une faculté sensorielle sur-normale unique, pour laquelle on a proposé l'appellation de panesthésie spirituelle. On a voulu définir ainsi une faculté qui contiendrait en elle-même toutes les formes de perceptions sensorielles terrestres, et d'autres en bon nombre, encore ignorées — faculté qui, en complétant les divers organes sensoriels du corps humain, se convertirait en autant de sens spécialisés, qui seraient éphémères par eux-mêmes quoiqu'ils soient indispensables à l'existence incarnée.

Je m'expliquerai mieux par un exemple. De même que le « fluide électrique » se transforme, tantôt en lumière, tantôt en chaleur, tantôt en force motrice, selon les organes mécaniques dans lesquels on le dirige, de même la « panesthésie spirituelle », en compénétrant les divers organes du corps, se transformerait, tantôt dans le sens de la vision, tantôt dans le sens de l'ouïe, tantôt dans l'odorat, la sensibilité tactile et gustative, conformément à la structure anatomique des organes sensibilisés. Rien d'invraisemblable en tout cela ; d'autre part, en adoptant l'hypothèse de la « panesthésie spirituelle », on résoudrait bien des énigmes autrement inexplicables, parmi lesquelles figure celle qui concerne la promiscuité avec laquelle se réalisent les phénomènes en question.

De toute façon, même en dehors de cette hypothèse, on peut affirmer relativement aux phénomènes de télesthésie et de clairvoyance en général, qu'ils prouvent que la subconscience humaine contient à l'état latent des facultés sur-normales merveilleuses, dont la genèse ne peut pas dépendre de la loi de sélection naturelle — ce qui porterait à montrer que les facultés dont il s'agit constituent les sens formés d'avance pour l'assistance spirituelle, dans l'attente de jaillir et de fonctionner dans une ambiance spirituelle ; de même que les sens se trouvent formés d'avance dans l'embryon, en attendant de jaillir et de fonctionner en l'ambiance terrestre.

Des conclusions analogues ont été déjà formulées d'une manière rigoureusement scientifique par Thomas Jay Hudson. S'occupant du problème, il remarque :

En plaçant la thèse sous une forme nettement syllogistique, on devra disposer ainsi les propositions :

Toute faculté de l'esprit humain a une fonction à accomplir, ou dans cette vie ou dans une autre.

On trouve dans l'esprit humain des facultés qui n'accomplissent aucune fonction durant l'existence terrestre.

Il s'ensuit que dans l'esprit humain existent des facultés réservées à jouer leur rôle dans une vie future.

Aucun homme de science ne pourrait songer à contester la légitimité de la proposition majeure : elle est de nature axiomatique.

D'un autre côté, tous ceux qui se sont familiarisés avec les recherches modernes dans le domaine des phénomènes psychiques ne peuvent songer un seul instant à contester la proposition mineure. La seule faculté télépathique suffirait à démontrer son intangibilité

Comme la prémisse majeure et la prémisse mineure sont incontestablement vraies, il s'ensuit tout naturellement la conclusion, que l'homme est réservé à d'autres destinées dans une existence future.

A mon avis, ces conclusions auxquelles Thomas Jay Hudson a donné la forme syllogistique, sont d'une évidence logique indiscutable ; ce qui peut justifier, jusqu'à un certain point, l'affirmation de cet auteur que le fait de l'existence subconsciente de facultés clairvoyantes et télépathiques suffit à prouver la survivance de l'esprit humain, sans qu'il soit nécessaire d'avoir recours aux manifestations médiumniques. Jusqu'à un certain point, ai-je dit ; car les preuves cumulatives destinées à résoudre le formidable problème de l'âme ne sont jamais superflues ni excessives ; sans compter que, dans notre cas, les unes constituent le complément nécessaire des autres.

fin

TABLE DES MATIERES